RECUEIL

GÉNÉRAL ET RAISONNÉ

DE LA JURISPRUDENCE

ET

DES ATTRIBUTIONS

DES JUSTICES DE PAIX

DE FRANCE.

RECUEIL
GÉNÉRAL ET RAISONNÉ
DE LA JURISPRUDENCE
ET
DES ATTRIBUTIONS
DES JUSTICES DE PAIX
DE FRANCE;

CONTENANT sommairement tout ce qui se rapporte à ces matières, dans les cinq Codes, dans les Lois et Réglements particuliers, depuis vingt-huit ans; dans les Arrêts des Cours, Décisions ministérielles, et les Avis du Conseil d'état : le tout comparé à l'ancienne législation.

> Convenit à litibus quantum licet, et nescio an paulò plus etiam quàm licet, abhorentem esse. Est enim non modo liberale paululùm non nunquàm de suo jure decedere, sed interdum etiam fructuosum.
>
> CIC. *de offic.*, *lib.* II, *c.* VIII.

DÉDIÉ A MESSIEURS LES JUGES DE PAIX DE FRANCE;

PAR M. BIRET,
Jurisconsulte, Juge de paix à la Rochelle.

TOME SECOND.

A PARIS,
CHEZ ARTHUS BERTRAND, LIBRAIRE,
RUE HAUTEFEUILLE, N° 23;
Et à la Rochelle, chez l'AUTEUR.

1819.

RECUEIL

GÉNÉRAL ET RAISONNÉ

DE LA JURISPRUDENCE

ET

DES ATTRIBUTIONS

DES JUSTICES DE PAIX

DE FRANCE.

J.

JEU ET PARI. La loi reconnaît dans l'un et dans l'autre, certains caractères de contrat aléatoire, et cependant elle interdit toute action pour une dette de jeu, ou pour le paiement d'un pari; elle n'en excepte que les jeux qui tiennent à l'adresse ou à l'exercice du corps, en laissant aux juges le soin de rejeter les demandes quand elles paraîtront excessives. (*Art.* 1965 *et* 1966 *du Code civil.*)

Les actions qui peuvent naître de ces derniers jeux, sont des actions personnelles, qui, dès-lors, sont de la compétence des juges de paix, soit en première instance, soit en dernier ressort, suivant les limitations que la loi établit à l'égard de ces sortes d'actions. Mais ils doivent soigneusement rejeter toutes demandes résultantes d'autres jeux, qui pourraient leur être présentées; la prohibition que la loi en établit est aussi sage que morale.

JUGES DE PAIX. Ils sont les premiers magistrats du peuple par les rapports immédiats, directs et constants qu'ils ont avec lui; mais, suivant la hiérarchie, ils sont les derniers.

L'assemblée constituante n'avait d'abord vu dans les justices de paix qu'une institution patriarcale; elle avait pensé que le bon sens naturel et un jugement droit seraient des lumières suffisantes pour tout juge de paix; mais elle se détrompa bientôt, en développant le nouvel ordre de choses, et en régularisant même la marche des attributions qu'elle conférait.

Maintenant que ces attributions sont aussi nombreuses que variées, qu'elles exigent souvent des formes compliquées, qu'elles embrassent des questions de droit, qu'elles se divisent et se subdivisent en matières civiles, criminelles, de police, de commerce, de douanes, d'impôts indirects, et autres parties extraordinaires, je dis qu'il est nécessaire qu'un juge de paix réunisse aux lumières d'un esprit juste, celles de la science des lois.

Mais la bonté et la fertilité de l'esprit ne suffisent pas à un magistrat. La loi même nous dit que pour être digne du beau nom de juge, il faut que, *non odio, nec amicorum gratiâ, nec avaritiæ sor-*

dibus, sed solâ justitiâ duce, jus suum cuique tribuat; ita ut sit innocentiæ templum, temperantiæ sacrarium et Themidis ara. Les juges de paix doivent particulièrement savoir maîtriser leurs passions, mesurer leur conduite, et donner de sages exemples, parce qu'ils sont, pour ainsi dire, en permanence devant leurs justiciables, auxquels leurs actions n'échappent que difficilement. Un juge qui a toujours présent à la pensée ce qu'il doit au public et ce qu'il se doit à lui-même, persuade mieux par l'exemple que par ses discours et ses jugements. C'est ainsi qu'il prouvera qu'il aime la justice pour l'amour de la justice, non par vanité, par intérêt, ou quelque autre passion.

Les juges de paix étaient d'abord nommés par le peuple, pour une, deux et trois années; ils étaient choisis parmi les citoyens éligibles aux administrations de district et de département; ils devaient être âgés de trente ans; cependant, dès le 16 septembre 1792, la loi réduisit cet âge à vingt-cinq ans; mais il fut reporté à trente par la constitution de vendémiaire an 4.

Un sénatus-consulte de thermidor an 10 donna au souverain la nomination des juges de paix; il fixa le temps de leur exercice à dix années, après lequel ils pouvaient être réélus.

Par la Charte royale, ce monument de la sagesse et du génie d'un grand roi, les juges de paix sont aussi nommés par le souverain, mais ils ne sont pas inamovibles.

La résidence d'un juge de paix est au chef-lieu du canton; sinon il peut être révoqué. (*Loi du* 28 *floréal.*) Il doit être installé maintenant par le sous-préfet de son arrondissement (1), après avoir prêté serment devant le tribunal de première instance. Dans les temps primitifs, un juge de paix était installé par le conseil général de la commune chef-lieu.

Dans ces mêmes temps, les juges de paix n'avaient point de costume particulier; mais la nécessité de les signaler au respect public leur fit bientôt donner des marques distinctives, qui éprouvèrent plusieurs variations. A présent ils portent dans l'exercice de leurs fonctions, et dans les solennités, le même costume que les juges de première instance.

Il est sage de faire distinguer par un costume respectable, tous les magistrats; ils doivent parler aux yeux avant de parler à la raison et à l'esprit; l'organe de la loi ne doit pas être confondu extérieurement avec les autres citoyens. C'est ainsi que les plus célèbres légistes en ont pensé, et que les peuples les plus fameux en ont toujours usé. Aux cérémonies publiques, les juges de paix marchent précédés de leurs huissiers, et suivis de leurs greffiers; ils prennent rang immédiatement après les juges de commerce.

Tous les individus doivent s'exprimer avec modération et respect devant un juge de paix en fonctions. Celui qui y manque est d'abord rappelé à l'ordre par le juge; mais, en cas de récidive, il est

(1) *Loi du* 29 *ventose an* 9, *art.* 8.

condamné à une amende de dix francs, avec affiche du jugement.

S'il est fait au juge pendant son audience, ou dans l'exercice d'autres fonctions, *ou à raison même de cet exercice*, un outrage par paroles tendantes à blesser sa délicatesse ou son honneur, il en dresse procès verbal, qui est envoyé au ministère public pour faire appliquer la peine due au coupable. Elle est, en ce cas, d'un mois à deux ans de prison; mais si l'outrage n'est que par gestes ou menaces, la peine est réduite à un mois au moins et à six au plus. Le juge de paix peut même dans ces cas, parce qu'il y a flagrant délit, faire arrêter le coupable, et décerner le mandat d'amener comme officier de police. C'est ce qu'il peut faire d'après l'article 49 du code d'instruction criminelle, conforme à la loi d'octobre 1790, et au code de brumaire an 4, article 555; c'est encore ce qu'il peut faire par-tout où il fait un acte de justice, dans sa propre maison même, *quoique non revêtu de son costume*. La cour de cassation a jugé, par arrêt du 28 décembre 1807, que l'insulte dans tous ces cas est la même.

Cependant il a existé sur ce point une législation différente, qui n'a été que momentanée. L'article 11 du code de procédure civile autorisait le juge de paix qui était insulté pendant la tenue de ses audiences, à condamner le coupable à trois jours de prison : l'article 12 ordonnait même l'exécution provisoire des jugements. Mais les articles 222 et 223 du code pénal, dont j'ai déjà établi sommairement les dispositions, prononcent des peines plus graves pour les insultes et outrages faits *à tous juges*, et dès-lors leur application n'appartient qu'aux tribunaux correctionnels.

Le coupable, outre la peine de prison, peut encore être condamné à faire réparation au juge, soit à sa première audience, soit par écrit. Il y est contraint par corps, et son arrestation ne compte pour l'acquit de la peine prononcée, qu'à dater du jour où la réparation aura lieu. (*Art.* 227, *ibid.*)

Au surplus, la loi nouvelle prévoit d'autres faits d'outrages, d'injures, de mauvais traitements et blessures qui pourraient être commis envers les juges en fonctions, ou à raison de ces fonctions ; elle inflige aux coupables des peines graduées suivant la gravité des faits et même des lieux où ils ont été commis. Ainsi on peut dire aujourd'hui que les législateurs ont entouré les magistrats de tous les moyens propres à les faire respecter ; c'est ce qui a existé dans toute législation prudente. Cependant le code pénal de 1791 contenait de grandes lacunes sur ce point ; il était même loin d'être aussi complet que nos anciennes ordonnances, dont la sévérité était extrême. Celle de 1579 défendait, sous peine de mort, à tout sujet, de quelque qualité qu'il fût, *d'excéder ou d'outrager les magistrats*, même les officiers ministériels, *exerçant ou faisant acte de justice.*

Mais si la loi protége éminemment le magistrat, elle le punit aussi très-sévèrement. Les délits qu'il peut commettre dans l'exercice de ses fonctions sont toujours punis du *maximum* des peines infligées aux autres citoyens. On va même, envers un juge de paix, jusqu'à le punir de la simple présomption du délit; il est destituable s'il entre dans une maison où ses scellés sont apposés, avant leur levée, à moins qu'il n'en soit légalement requis, ou qu'il y en ait une ordonnance spéciale.

Parlons maintenant des belles fonctions des juges de paix. Je ne dirai point, comme M. Guichard(1), qu'ils doivent souvent parcourir leur territoire, pour s'informer des querelles et des différends, même domestiques, sous prétexte de les prévenir et de les éteindre. De pareilles démarches seraient au moins indiscrètes. C'est assez qu'ils reçoivent journellement toutes espèces de plaintes verbales des parties intéressées, et qu'ils les réunissent avec leurs adversaires par des invitations paternelles et sans frais; c'est assez que, dans ces réunions, ils opposent aux esprits irrités la douceur des égards sociaux; aux intérêts froissés, une indemnité modérée; aux hommes processifs, les dangers, les inquiétudes, les dépenses inséparables de tout procès; aux prétentions excessives, des sacrifices raisonnables; c'est assez, enfin, qu'ils observent avec une patience particulière la disposition des esprits, et qu'ils les amènent, par des doutes prudents sur leurs droits respectifs, à consommer une heureuse pacification.

Cependant, nulle loi n'oblige les juges de paix à donner ainsi tous les jours au public de telles conférences, qui seraient, en quelque sorte, des

(1) *Code des justices de paix*, jusqu'à l'an 6.

audiences continuelles. Une telle permanence leur serait impossible, à raison de leurs déplacements forcés et fréquents, à raison même de leurs fonctions si diversifiées. C'est pourquoi le législateur a toujours fixé le nombre des audiences que les juges de paix doivent à leurs justiciables : elles sont maintenant réduites à deux par semaine. Ainsi, les autres jours peuvent être consacrés, soit aux transports et opérations non contentieuses, soit à ces conférences pacifiques et verbales, qui répondent si bien à l'esprit de l'institution de la justice de paix, qui sont si utiles aux indigents, toujours hors d'état de plaider dans les formes; qui, enfin, remplissent tout entier le but de la comparution volontaire établie devant les seuls juges de paix. *V.* COMPARUTION VOLONTAIRE.

C'est là une faculté unique accordée à ces magistrats. La loi y en a joint une autre qui appartient encore à eux seuls, celle de pouvoir *juger* les jours de fêtes et dimanches, soit dans leurs prétoires ou dans leurs maisons, soit sur les lieux contentieux. Les autres juges peuvent bien vaquer ces mêmes jours à des opérations extraordinaires qui requièrent célérité : *Quamvis citatio die feriato fieri non debeat, hæc regula fallit, quoties res urget, aut actionis dies exiturus; adeò ut res esset peritura, quando dilatio periculosa est* (*lib.* I, *de Feriis et Dilationibus*); mais tout jugement des juges ordinaires serait nul, s'il était rendu un jour férié.

Une troisième faculté unique qu'ont les juges de paix, c'est qu'ils ne sont pas toujours réduits, comme les autres magistrats, à condamner et à juger. Ils peuvent, jusqu'au dernier moment de la contestation, présenter l'olivier de la paix aux plaideurs, même quand l'instance est judiciairement instruite devant eux, soit qu'ils en décident en première instance, soit qu'ils en jugent à charge d'appel; car, après avoir entendu les parties dans leurs défenses verbales, après avoir pris communication de leurs titres, pièces ou mémoires, s'il y en a, ils peuvent proposer encore une conciliation avant de juger. Heureux s'ils peuvent alors réunir des esprits doublement divisés et par l'intérêt et par les débats; les parties se retirent satisfaites d'elles-mêmes et du magistrat; elles ne peuvent se plaindre de personne, elles ont fixé leur sort. Mais si, dans ce dernier moment, les plaideurs sont sourds à la voix du pacificateur, alors il cesse de l'être, il n'est plus que l'organe de la loi, et il prononce son jugement.

Deux exceptions doivent être faites à l'exercice de ce ministère de bonté. 1° On ne doit point de tels égards à la mauvaise foi ni à l'artifice. Il y aurait une sorte d'impunité à leur accorder des compositions et des sacrifices. D'ailleurs, la clémence et la modération passent pour faiblesse ou impuissance dans l'esprit des gens corrompus. Le juge de paix doit donc, par respect pour la loi et la dignité de la justice, prononcer sans temporisation contre le plaideur de mauvaise foi.

2° On ne peut proposer aucune espèce de conciliation, soit avant le commencement de la procédure, soit après, dans toutes les matières de police, parce qu'elles sont, à proprement parler, des émanations de la justice criminelle, et que dès lors toute pacification accordée par l'influence ou l'autorité du juge, serait un véritable abus d'autorité, attentatoire au droit de faire grace; droit suprême qui n'appartient jamais qu'au souverain, et qui en caractérise si bien la majesté. D'ailleurs, par une telle médiation, le juge de paix priverait l'état des amendes encourues par le délinquant, et nulle autorité n'a le droit de paralyser les revenus publics sous quelque prétexte que ce soit.

Il est une autre sorte de conciliation, qu'on peut appeler judiciaire, confiée encore uniquement aux juges de paix; tant il est vrai que l'esprit de cette institution est tout de concorde. Autrefois, presque toutes les actions civiles qui n'étaient pas de la compétence des juges de paix, ne pouvaient être introduites devant les tribunaux ordinaires, sans que les parties eussent d'abord été appelées devant un bureau de conciliation. Ces bureaux n'existent plus; le juge de paix reste seul médiateur dans les affaires qui ne peuvent s'intenter qu'après l'essai de la conciliation judiciaire; mais elle est réduite à bien peu de chose d'après le nouveau code de procédure, qui établit tant d'exceptions, qu'elles écartent presque toujours la règle. Ce changement, dicté par la fiscalité du gouvernement illégitime, est fait pour exciter des regrets, d'autant qu'il serait facile de prouver que l'état percevait, avant cette innovation, autant et plus de droits sur des actes conciliatoires, sur les transactions notariées, ou sur les sentences arbitrales qui s'ensuivaient, qu'il peut en percevoir maintenant sur quelques requêtes, sur des présentations et d'autres actes minutieux. *V.* CONCILIATION.

On voit que j'ai successivement distingué trois manières d'opérer les conciliations : celle qui se fait sur une simple invitation et sur comparution volontaire ; celle qui se propose d'office après la citation en jugement, et au moment que la décision du juge est sur le point d'être portée, et celle qui est provoquée extrajudiciairement avant l'action devant les tribunaux de première instance. C'est dans le premier mode que les juges de paix ont besoin de beaucoup de patience et de zèle, pour couper le mal dans sa racine, pour éclairer sur leurs droits ou leurs erreurs une classe ignorante, souvent indigente, plus souvent encore de mauvaise foi ; enfin pour éviter aux malheureux jusqu'aux simples frais de la citation. C'est alors, seulement alors, que la justice *est gratuite.* — Le juge reçoit la comparution volontaire des parties sur sa feuille d'audience et prononce son jugement.

Le juge de paix est chef et seul magistrat de son tribunal ; autrefois il était assisté à l'audience de deux assesseurs qui avaient voix délibérative ; mais, en les supprimant, la loi n'a créé que des suppléans qui n'exercent aucune fonction, sauf en cas d'absence ou d'empêchement du juge.

Il n'y a point de ministère public près d'un juge de paix, si ce n'est dans les matières de police, dans lesquelles un commissaire de police, ou, à son défaut, le maire ou son adjoint remplissent ce ministère.

Quant aux causes dont la connaissance est attribuée spécialement aux juges de paix, par différentes lois, décrets et ordonnances, je ne dois point en faire le détail ici; ce serait répéter les nombreux articles où ils sont séparément traités dans cet ouvrage. On pourra les consulter sous leurs dénominations particulières. Mais si, en lisant cet article, on veut avoir en même temps une idée générale des attributions des juges de paix dans toute leur étendue, on voudra bien voir l'article COMPÉTENCE.

Je dois me borner à dire que ces magistrats ne sont pas des juges ordinaires, mais bien des juges extraordinaires, c'est-à-dire, d'exceptions et d'attributions. Ainsi, ils ne peuvent ni ne doivent connaître que des causes qui leur sont nommément déférées par les lois et les ordonnances, soit au civil, soit en police; ainsi encore, il ne leur est permis de faire que les actes non-contentieux ou extrajudiciaires que la loi leur confie spécialement. En un mot, toute l'autorité d'un juge de paix doit être tracée par la lettre ou l'esprit de la loi. Au-delà, cette autorité cesse.

Mais il peut rendre justice par-tout où il se trouve; la loi le considère comme étant en fonctions permanentes, ce qui ne peut être fait par un autre juge, qui ne doit jamais juger qu'au palais de justice. Le juge de paix, d'ailleurs, instruit toujours une cause très-sommairement; point de formes multipliées devant lui, point de défenses écrites; la loi les prohibe; il lui suffit d'entendre les parties, et les témoins lorsqu'il y en a, et d'examiner les pièces s'il en est produit. C'est pour lui principalement qu'ont été confirmées ces formes simples, nées de l'ancienne règle : *Summariè et de plano, sine strepitu, formâ et figurâ judicii.*

Cependant, un juge de paix ne doit pas moins prononcer comme les autres juges; c'est-à-dire, qu'en matière de faits il juge *secundum allegata et probata*, et que dans les questions de droit il décide suivant le texte de la loi. Autrefois on disait, suivant l'esprit et sans trop s'arrêter aux paroles, *Scire leges, non est verba earum tenere, sed vim ac potestatem. Lib.* 17, § *de Leg.*

De Ferrière (1) disait plus : comme les termes de la loi n'en sont que la figure, il ne faut pas s'opiniâtrer à en chercher le véritable sens dans les termes, principalement quand la raison y répugne.

Mais l'ordonnance de 1667 était bien opposée, et à la loi romaine, et à l'avis du publiciste. J'en rapporterai quelques textes, parce qu'ils me paraissent encore applicables à la jurisprudence actuelle, sinon comme loi, du moins comme raison écrite; d'autant que je ne vois rien dans les nouveaux codes qui soit relatif aux interprétations, modifications, ou explications des lois.

Art. 6, *titre* 1. « Voulons que toutes nos ordonnances, édits, déclarations et lettres patentes,

(1) Introd. à la pratique, *Verbo* Interprétation des lois.

soient observés tant au jugement des proces qu'autrement, sans y contrevenir ; ni que sous prétexte d'équité, bien public, etc., nos cours, ni les autres juges s'en puissent dispenser ou en modérer les dispositions, en quelque cas et pour quelque cause que ce soit. »

Art. 7, *même titre.* « Si dans les jugements des procès en nos cours, il survient aucun doute ou difficulté sur l'exécution de quelques articles de nos ordonnances, édits, etc., nous leur défendons de les interpréter.

Art. 8, *même titre.* « Déclarons tous arrêts et jugements qui seront donnés contre la disposition de nos ordonnances, édits et déclarations, nuls et de nul effet. »

Je crois donc qu'il serait très-arbitraire qu'un juge se permît de décider contre les termes de la loi, ou même d'en affaiblir les dispositions, soit par des doutes sur son véritable sens, soit par délicatesse ou autrement. La conscience du magistrat doit être en repos quand la loi a parlé.

Il serait encore aussi arbitraire qu'un juge de paix prononçât des peines de police, d'après des réglements administratifs qui ne seraient pas faits en vertu des lois et ordonnances, ou pour leur exécution. Aucune peine ne peut être infligée par qui que ce soit, si elle n'est prononcée par la loi. La cour de cassation a souvent consacré ces principes.

Nous avons déjà dit que les juges de paix sont aussi juges de police. Ce sont cependant deux autorités absolument distinctes et séparées, réunies dans le même magistrat. Dans les villes où il y a plusieurs juges de paix, ils composent tous le tribunal de police, mais ils n'y font qu'un exercice séparé et périodique, de sorte que chaque juge de ce tribunal en est à-la-fois chef et membre, pendant le temps de son exercice (1), et il y décide seul toutes les affaires. Dans les villes où il n'y a qu'un seul juge de paix, il compose seul le tribunal de police.

La connaissance des faits qui sont jugés à ces tribunaux, participe de la nature des crimes et délits, quoiqu'ils ne soient qualifiés depuis le nouveau code pénal, que *contraventions*. Ce sont de petits désordres très-fréquents et assez nombreux, pour les connaître dans tous leurs détails. *V.* CONTRAVENTIONS DES QUATRE SORTES.

La loi donne encore une autorité aux juges de paix dans une police plus importante; ils sont officiers de la police judiciaire, ou de sûreté, et même les auxiliaires des procureurs du roi. Cette qualité leur permet de recevoir les dénonciations et plaintes des crimes ou délits; d'en faire les premières poursuites, perquisitions, recherche, etc., en cas de flagrant délit, ou sur la réquisition d'un chef de maison, et alors ils exercent comme les procureurs du roi, les formes prescrites. *V.* POLICE JUDICIAIRE.

Les juges de paix sont présidents nés des conseils de famille convoqués pour les mineurs, les inter-

(1) Le code d'instruction criminelle donne ici aux juges de paix le titre de présidents.

dits, etc.; ils y ont voix délibérative et prépondérante. L'avis ou la délibération d'un tel conseil serait nul, si le juge de paix n'y votait pas en le présidant. Ce magistrat peut convoquer d'office les membres de ces conseils, les désigner en plusieurs cas, fixer les délais de la réunion, ajourner l'assemblée, enfin la diriger suivant les formes établies, dans tous les cas où il peut être utile d'en former. On peut même regarder les juges de paix, par l'initiative et la surveillance que la loi leur accorde, comme les protecteurs des mineurs et les surveillants des tuteurs.

Nulle autorité ne peut intervenir dans les fonctions du juge de paix, relatives aux conseils de famille; les juges supérieurs ne peuvent momentanément donner la présidence de ces assemblées de parents, soit à l'un de leurs membres, soit à un commissaire spécial, à peine de nullité et d'abus de pouvoir. C'est ce qui a été jugé par arrêt de la cour de cassation du six messidor an 12. *V.* CONSEILS DE FAMILLE, DESTITUTION DE LA TUTELLE, SUBROGÉS TUTEURS.

Un autre droit exclusif appartient encore aux juges de paix. Seuls en France, ils apposent et lèvent les scellés, ou à leur défaut leurs suppléants. Dans tous les cas où cette formalité est nécessaire, ils peuvent l'ordonner et l'exécuter d'office, par leur seule autorité, dans un grand nombre de circonstances, et ils doivent toujours le faire quand ils sont instruits que les droits des mineurs ou des absents sont compromis.

Pour connaître les droits dont jouissent les

juges de paix à cet égard, les fonctions qu'ils exercent et les actes qui en résultent, *V.* Scellés des diverses sortes, Inventaire après décès, Levée des scellés, Référés.

Il est encore bien d'autres attributions faites aux juges de paix; telles que les installations des gardes champêtres, des employés de l'octroi, des impôts indirects; les *visa* des contraintes, pour leur donner la force exécutoire; les affirmations des procès verbaux de tous ces agents, l'arrestation à domicile d'un débiteur, le bris des serrures, etc. Mais toutes ces choses trouveront place dans ce recueil, aux articles dont chacune dépend.

C'est sans doute à raison de droits et d'exercices si variés, que la loi a prononcé de nombreuses incompatibilités pour les places de juges de paix. Il y a incompatibilité de leurs fonctions avec celles des juges des autres tribunaux et des cours, des gens du roi, des avoués, greffiers, huissiers; avec celles des maires, adjoints, sous-préfets, préfets, et autres administrateurs; avec celles des percepteurs, receveurs des deniers publics, et de toute autre fonction salariée par l'état, même avec celles des ecclésiastiques.

Cependant, avec autant de privations et de travaux, les juges de paix ne jouissent que d'un modique traitement annuel. Il est de 800 francs pour le très-grand nombre des villes et autres chefs-lieux. Il est vrai qu'ils ont droit à des vacations pour certains actes non contentieux, mais elles sont aussi rares que modérées, et péniblement gagnées. Ainsi les honorables fonctions des juges de paix ne les conduiront jamais à la fortune. Ils ont enfin droit à une retraite ou pension, suivant la loi du 25 août 1791, et suivant l'ordonnance du 23 septembre 1814. La loi a décidé que les réglements précédents ne s'appliqueraient pas aux juges de paix, et qu'ils pourraient cumuler les pensions qu'ils auraient obtenues avec leurs traitements; l'ordonnance, au contraire, les assimilant aux autres magistrats, a prononcé qu'ils n'auraient droit à la pension de retraite qu'après trente ans de services publics effectifs, dont au moins dix ans dans l'ordre judiciaire. Toutefois, en cas d'accidents, d'infirmités ou de suppressions de leur emploi, la pension peut leur être accordée après dix ans de service.

JUGEMENTS. Il en est de quatre sortes principales, dans les tribunaux de paix.

1° Les jugements par défaut. On trouvera tout ce qui s'y rapporte dans les articles CONGÉS, DÉFAUT, OPPOSITION.

2° Les jugements préparatoires ou interlocutoires. J'en ai donné la définition *verbo* Appel. Pour connaître leurs modes d'exécution, *V.* VISITE DES LIEUX, ENQUÊTE.

3° Les jugements contradictoires et définitifs en première instance. Ce sont ceux dont on peut faire appel dans le temps et dans les formes déterminés par la loi.

4° Enfin les jugements contradictoires et définitifs en dernier ressort. Ce sont ceux qui ne sont pas sujets à l'appel. Il n'y a de recours contre eux que la voie extraordinaire de la cassation, à moins qu'ils ne soient incompétemment rendus, ou qualifiés mal à propos en dernier ressort. Alors, dans ces deux cas, on peut en appeler (1). *V.* Appel.

Ces différents jugements sont en général rendus dès la première audience, ou à la suivante. Cependant, si un préparatoire ou un interlocutoire est ordonné, son exécution dépend souvent de la diligence de la partie poursuivante. Le jugement définitif ne peut être rendu qu'après cette exécution. Si encore le juge de paix, pour éclairer sa religion, ordonne l'examen et le dépôt des pièces dont les parties excipent, il peut renvoyer la cause à telle audience qu'il lui conviendra, pour mieux réfléchir et former son opinion.

« Les minutes de tout jugement sont portées par le greffier sur la feuille d'audience, et signées par le juge qui a tenu l'audience, et par le greffier. » (*Art.* 18, *Code de procédure.*) Ce texte a été formé d'après l'article 7 du titre 8 de la loi d'octobre 1790; mais l'article 3 voulait au contraire que le greffier fît, pour chaque affaire une minute particulière et détachée, ce qui était sujet à plusieurs inconvénients. Le nouveau code a adopté pour les juges de paix le même ordre que pour les cours et tribunaux.

(1) Quoique les jugements en dernier ressort des juges de paix ne fussent pas sujets à cassation sous la législation primitive, on en exceptait cependant ceux qui étaient attaqués pour cause d'incompétence, parce que *non est major defectus, quàm defectus potestatis.*

Les greffiers ne peuvent délivrer les expéditions des jugements avant qu'ils aient été signés par le juge, sous peine d'être poursuivis comme faussaires. (*Article* 139, *Code de procédure.*)

La rédaction des jugements des juges de paix doit être la même que celle des arrêts et des autres jugements. Quoique le nouveau code de procédure soit muet sur ce point, il est naturel de remplir cette lacune par les dispositions que la loi prescrit pour les autres tribunaux; les voici : « La rédaction des jugements contiendra les noms des juges, du procureur du roi, s'il a été entendu, ainsi que ceux des avoués; les noms, professions et demeures des parties; leurs conclusions; l'exposition sommaire des points de fait et de droit; les motifs et le dispositif des jugements. » (*Art.* 141, *ibidem.*)

Ce texte ne dit point que les jugements contiendront les dates des actes de procédures, exploits, citations faits en la cause. Cependant on en fait une mention spéciale dans les qualités qui se signifient dans les tribunaux ordinaires; mais on peut se dispenser dans les justices de paix de relater les citations des parties, d'autant qu'on n'y signifie aucune écriture d'instruction de la cause.

Si on veut le faire néanmoins, on est libre, car ce qui abonde ne vicie pas. Il est d'ailleurs convenable, pour ne rien changer aux jugements, qui doivent être rédigés dans les vingt-quatre heures de la prononciation, de les porter sur la feuille d'audience, tels qu'ils doivent être expédiés, sauf la formule exécutoire, qui n'appartient qu'à l'expédition seule.

C'est ce qui a été décidé comme règle générale, par la circulaire du ministre de la justice, du 26 septembre 1808 (1); c'est encore ce qui est conforme à la loi d'octobre 1790, article 3, titre 8.

La cour de cassation a jugé que l'omission dans les jugements, de ce qui est prescrit par l'article 141 du code de procédure que nous venons de donner, n'emportait pas nullité formelle, parce que la loi ne l'a pas prononcé ainsi. Cet arrêt est du 8 août 1808. Cependant la même cour avait jugé, le 4 avril précédent, que l'omission des questions de fait et de droit emportait nullité.

Les jugements des tribunaux de paix sont exécutoires par provision jusqu'à 300 francs, sans donner caution; mais pour toutes autres sommes, ils ne s'exécutent provisoirement qu'en donnant caution. (*Art.* 17 *du Code de procédure.*) *V.* Exécution provisoire. Un juge qui oublie de prononcer l'exécution provisoire de son jugement, ne peut réparer cette omission par une seconde décision; autrement, ce serait changer ou rapporter la chose jugée.

Lorsqu'il s'agit d'exécuter des préparatoires ou des interlocutoires, si le jugement qui les ordonne ne contient pas le jour et l'heure auxquels il y sera procédé, on peut y suppléer par la cédule que la loi prescrit de délivrer en pareil cas, et il n'y a point nullité du jugement à cause de cette omis-

(1) *V. Jurisprud. de la cour de cassation, an* 1808, *p.* 298.

sion. D'ailleurs, il n'est pas toujours facile à un juge de fixer, lors de la prononciation d'un jugement, le jour qu'il pourra faire l'opération ordonnée. —Tous jugements qui ne sont pas définitifs, ne sont pas expédiés quand ils sont rendus contradictoirement, et prononcés en présence des parties; leur prononciation vaut citation pour les opérations ou les mesures qu'ils ordonnent à jour et heure fixes. Mais, si ces interlocutoires ou préparatoires sont rendus par défaut, il paraît convenable de les lever et signifier.

Quand un jugement défère à une partie le serment décisoire, ou autre, il doit énoncer les faits sur lesquels il s'agit de jurer. Ce serment doit être fait en personne, et non par fondé de pouvoir; tellement, qu'en cas d'empêchement légitime, le juge, assisté de son greffier, se transporte au domicile de la partie pour recevoir son serment; et s'il est trop éloigné, le juge de paix commet, pour recevoir l'affirmation, le juge du lieu. Dans tous les cas, le serment déféré est prêté en présence de l'autre partie, ou elle dûment appelée.

Si les jugements définitifs contiennent des sursis à l'exécution des condamnations prononcées, ils en donnent les motifs et précisent les délais qu'ils accordent. Ces délais courent du jour du jugement, s'il en est décidé ainsi; sinon, du jour de sa signification à la partie condamnée. Tous actes conservatoires se permettent ordinairement pendant le sursis, et c'est ce que le juge ne doit pas omettre. En général, ce n'est qu'avec prudence et modération que les juges doivent accorder des délais ou des sursis aux individus condamnés ; si la justice et l'humanité invitent les magistrats à venir au secours d'un débiteur de bonne foi, on ne doit jamais le faire aux dépens du créancier. Tel est l'esprit de l'article 1244 du code civil.

Il est plusieurs règles générales qui sont communes à tous les jugements définitifs des différents tribunaux.

Première règle. Tout jugement qui condamne en des dommages et intérêts, en fixe la valeur, ou en ordonne l'estimation, en laissant à la partie condamnée l'option de payer suivant l'une ou l'autre manière. Cette option doit être faite dans un court délai établi par le jugement, sinon, la partie à qui elle est déférée en est déchue.

Deuxième règle. La partie qui doit le principal doit les dépens. Si c'est le demandeur, il doit toujours y être condamné. Cependant on peut, dans plusieurs cas, compenser en tout ou partie les dépens ; savoir, lorsqu'il y a des condamnations respectives ; lorsque les parties sont époux, ascendants, descendants, frères, sœurs, ou alliés au même degré ; lorsqu'enfin les deux parties ont donné lieu à des contestations respectives et mal fondées.

L'ordonnance de 1667, article 1er, titre 31, défendait toute espèce de compensation de frais. La loi 13, § 6, code *de Judiciis*, s'exprimait ainsi : *Omnes judices qui sub imperio nostro sunt, sciant victum in expensarum causâ victori esse condemnandum.* Mais la jurisprudence l'avait emporté, et il était fréquent de voir les anciens tribunaux prononcer des compensations de dépens. Il en est encore ainsi, d'autant mieux que les nouveaux codes laissent libre, sur ce point, la conscience des juges.

Troisième règle. Les dépens sont personnels, c'est-à-dire, qu'ils n'emportent pas de condamnations solidaires, sauf le cas où la loi le permet nommément : tel est d'ailleurs le dispositif d'un arrêt de la cour de cassation du 24 messidor an 4.

Quatrième règle. Les dépens sont taxés par le jugement définitif, et cette taxe suffit pour contraindre la partie condamnée à les payer.

Cinquième règle. Tout jugement définitif doit prononcer sur les différentes conclusions des parties, soit en demandant, soit en défendant, soit sur intervention. Mais le juge ne peut jamais accorder au-delà de ce qui est demandé, *ultra petita;* autrement il y aurait ouverture à cassation, ainsi que pour les omissions de statuer.

Sixième règle. Aucun jugement ne peut être exécuté, s'il n'est mis en forme exécutoire, c'est-à-dire, s'il ne contient la formule consacrée pour le commencer et pour le terminer. *V.* Exécution forcée des jugements.

Je terminerai cet article par quelques points de la nouvelle jurisprudence, sur les divers jugements.

Lorsque les juges ont prononcé un jugement définitif, peuvent-ils ensuite décider qu'il n'était que provisoire? Non, sans doute; ce serait juger *bis in idem*, et même remettre en question ce qui est décidé. Ainsi jugé par arrêt de la cour de cassation, du 28 brumaire an 8.

Un jugement qui décide une question de droit, ou qui, rejetant une exception, ordonne de plaider au fond, n'est pas un préparatoire, mais bien définitif, du moins pour l'exception. C'est ce que la cour de cassation a jugé affirmativement le 14 frimaire an 12. Ainsi on peut appeler d'un pareil jugement, dès qu'il est prononcé, même quoiqu'il soit qualifié en dernier ressort, *s'il y a exception d'incompétence.*

Un jugement qui admet la preuve testimoniale en ordonnant une enquête, n'est pas encore un préparatoire, mais bien un interlocutoire. L'appel en est donc recevable avant le jugement définitif. C'est ce qui a été affirmativement résolu par arrêt de la cour de cassation, du 17 février 1807 ; ce qui est d'ailleurs conforme au nouveau code de procéd., art. 452. Mais un jugement qui, avant de faire droit, ordonne une estimation sous la réserve de toutes fins, droits et exceptions des parties, n'est que préparatoire. Tel est le dispositif d'un autre arrêt de la même cour, du 5 brumaire an 11.

Les juges peuvent-ils reconnaître leur incompétence en tout état de cause, même après s'être déclarés compétens? Sans doute : ils ne sont point liés par ce premier jugement, et ils peuvent le révoquer. Ainsi jugé par arrêt de la cour suprême, du 25 ventose an 11.

Les termes de la loi, appliquée par un tribunal de police, doivent être transcrits dans le jugement, à peine de nullité. La cour de cassation l'a décidé ainsi, le 2 juillet 1806. Depuis, l'article 163 du code d'instruction criminelle a établi comme loi ce point de jurisprudence.

Il faut d'ailleurs observer qu'un jugement de police ne peut recevoir une exécution provisoire, et que les juges de paix ne peuvent l'ordonner, quoiqu'ils aient incontestablement ce droit au civil ; mais la différence des matières le veut ainsi. Cette distinction simple a cependant donné lieu à un arrêt de la cour de cassation, du 2 juillet 1806, qui a cassé un jugement de police, lequel ordonnait son exécution provisoire.

JUSTICES OU TRIBUNAUX DE PAIX. Les lois leur donnent l'une et l'autre qualité. Il en est établi un seul par arrondissement de canton ; ce qui paraît suffisant.

Cette institution remplace, sous quelques rapports, les justices seigneuriales, mais, sous plusieurs autres, elle ne les remplace pas. Les tribunaux de paix n'ont que des attributions spéciales, tandis que les justices féodales comptaient à peine quelques exceptions dans leurs compétences civiles, de police, et criminelles, sauf les matières de finances, d'aides, gabelles, etc., qui avaient des juges spéciaux, à l'exclusion même des cours souveraines. Ces justices féodales étaient d'ailleurs organisées comme les autres tribunaux du royaume, et la forme d'y procéder était égale ; mais les justices de paix diffèrent essentiellement des juridictions ordinaires, par leurs formes très-sommaires, leurs attributions singulières et leur organisation même. Cependant, on doit le dire, les éléments dont elles se composent sont tellement sages, qu'ils ont eu la force unique de traverser toutes les phases de la révolution.

On la considéra d'abord comme une juridiction volontaire, plutôt que comme une autorité judiciaire; on l'isola de tout ce qui appartient aux tribunaux ordinaires, c'est-à-dire, des procédures, des officiers ministériels, et de la police, alors confiée à l'autorité municipale, dont on lui donna le nom. Mais, dès l'organisation et le développement des pouvoirs publics, cette extrême simplicité prit une autre couleur; la police passa subitement dans les mains des juges de paix. Des changements notables, des formes précises et impérieuses furent introduites dans les justices pacifiques; de sorte qu'en moins de vingt années, les changements, les réformes et les attributions nouvelles ont changé pour ainsi dire la face de ces tribunaux; au point que les officiers ministériels et les avocats y sont journellement admis, comme assistant les parties, ou en vertu de pouvoirs. Cependant, les juges de paix restent encore juges d'exceptions, ne connaissant uniquement que des matières que les lois leur attribuent nommément. Il n'y aurait peut-être qu'un pas à faire pour rendre encore plus éminemment utiles à la société les justices de paix; ce serait de les constituer enfin en juridictions ordinaires, auxquelles on conserverait leurs formes très-sommaires et leurs autres avantages éprouvés. C'est ainsi que l'on établirait véritablement les deux seuls degrés de juridiction qui doivent exister en France; qu'on rapprocherait en tous genres la justice des justiciables, et qu'on la mettrait à la portée de tous; c'est ainsi qu'on effacerait cette tendance des autres autorités à heurter, ou resserrer celle des justices de paix, dans tant de rapports qui les touchent ou les contrarient; c'est ainsi qu'on consoliderait pour jamais des tribunaux qui ont su s'honorer constamment et conquérir l'estime de tous les partis. Puisse ce vœu bienfaisant être exaucé!

Tout ce que je pourrais dire ici sur la composition, l'ordre, les droits, attributions et prérogatives des justices de paix, a trouvé naturellement place dans les articles AUDIENCE, COMPARUTION VOLONTAIRE, CONCILIATION, OFFICIER DE POLICE JUDICIAIRE, POLICE SIMPLE, JUGES DE PAIX, JUGEMENTS. J'y renvoie le lecteur.

L.

LEVÉE DE SCELLÉS DÉFINITIVE. C'est l'acte de les rompre, ou briser, après les avoir reconnus sains et entiers. Les juges de paix seuls en France, ou, à leur défaut, leurs suppléants, ont droit de faire cette opération.

Il y a deux manières de procéder à une levée de scellés: l'une se fait purement et simplement sans description; l'autre se fait à charge d'inventaire.

La levée pure et simple a lieu quand les parties conciliées sur leurs intérêts, la demandent expressément, pourvu que les causes de l'apposition des scellés soient cessées : *Cessante causâ, cessat effectus*. Mais s'il y a des mineurs non émancipés, intéressés dans la succession dont il s'agit; s'il y a des absents, quoique judiciairement représentés; si le conjoint réclame le réglement ou la liquidation de ses droits dotaux ou autres; s'il y a différents légataires, soit à titre universel, soit à titre particulier, qui ne soient pas d'accord avec les héritiers présomptifs pour la délivrance des legs; s'il y a, d'ailleurs, un exécuteur testamentaire, ou des créanciers opposants; s'il s'agit de séparation de biens ou de corps; et si, enfin, l'héritier de la nue propriété requiert un inventaire à ses frais, malgré que l'usufruitier soit dispensé par le testament de faire cet inventaire (1); les scellés, dans tous ces cas, doivent se lever au fur et à mesure de l'inventaire; ils sont même réapposés à la fin de chaque vacation.

Tous ceux qui ont droit de faire apposer le scellé, peuvent en requérir la levée, sauf les serviteurs, domestiques et les personnes qui demeuraient avec le défunt, si elles n'ont des droits à sa succession. (*Art.* 930, *Code de procéd.*)

Avant de procéder à une levée de scellés, trois formalités doivent être observées; elles sont prescrites par l'article 931 du même code, qui a confirmé pleinement l'ancienne jurisprudence. 1° La partie poursuivante fait une réquisition qui

(1) *Arrêt de la cour de Bruxelles*, *du* 11 *juin* 1812.

est consignée sur le procès verbal du juge de paix;

2° Ce juge rend une ordonnance indicative des jour et heure où la levée sera faite, et portant que toutes parties intéressées y seront appelées;

3° En exécution de cette ordonnance, on fait sommation d'assister à la levée, au conjoint survivant, aux présomptifs héritiers, à l'exécuteur testamentaire, aux légataires universels et à titre universel, s'ils sont connus, et aux opposants.

Cependant il n'est pas indispensable d'appeler les intéressés demeurant au-delà de cinq myriamètres; mais on peut appeler pour eux à la levée et à l'inventaire seulement, un notaire nommé d'office par le président de première instance.

On varie sur la manière de consigner les réquisitions pour la levée des scellés. Il en est qui présentent une requête, mais cela n'est pas le vœu de la loi, puisqu'elle désigne le procès verbal du juge pour recevoir ces réquisitions. D'autres prétendent que c'est sur le procès verbal de scellés qu'on doit les faire. Il est vrai que la loi ne nomme pas le procès verbal qui doit recevoir les réquisitions; mais il est évident qu'elle ne peut avoir voulu désigner un acte terminé et clos, tel que l'est alors le procès verbal de scellés. Serait-il régulier d'ajouter un acte à celui qui est alors enregistré? Non, sans doute; il y a même une amende encourue dans ce cas. D'ailleurs la loi veut si peu qu'on ajoute à des procès verbaux de scellés, des actes ultérieurs, qu'elle défend d'y inscrire des oppositions dès qu'ils sont clos, et qu'elle prescrit de les faire par ministère d'huissier, après cette clôture. Il est donc bien certain que c'est sur le procès verbal de levée de scellés que doit être faite la réquisition de la partie qui les provoque. Ce réquisitoire est même le commencement de la levée, puisque l'un sans l'autre ne peut avoir lieu; ensuite vient l'ordonnance du juge et la levée elle-même. Telle a toujours été la méthode que j'ai suivie, sans que jamais aucune de mes opérations ait été déclarée irrégulière, ni même attaquée.

Un juge de paix peut-il refuser d'ordonner une levée de scellés? Il le peut et le doit même, dans quatre circonstances principales : 1° Si elle lui est demandée avant le troisième jour après l'inhumation, lorsque le scellé a été apposé auparavant; ou avant le troisième jour de l'apposition, quand elle a été faite depuis l'inhumation. La loi frappe de nullité les procès verbaux de levée de scellés, même l'inventaire, et déclare passible des dommages-intérêts des parties, ceux qui auront fait et requis ces actes avant le troisième jour depuis le scellé. Cependant il y a une exception pour des causes urgentes; le scellé peut alors se lever avant le délai fixé; mais on doit obtenir une ordonnance du président de première instance, qui en donne l'autorisation et les motifs; et, en ce cas, si les parties intéressées ne sont pas toutes présentes, on commet, pour représenter les absents à la levée du scellé, un notaire qui est nommé par la même ordonnance. (*Article* 928, *Code de procédure.*) Telle était l'ancienne jurisprudence, qui elle-même était établie d'après deux réglements du parlement de Paris des 8 juin 1693 et 18 juillet 1733.

2° Si la partie qui requiert une levée de scellés est inconnue au juge de paix, et qu'elle ne lui justifie pas de son droit et qualité dans la succession *de cujus*, il est prudent et juste de ne pas reconnaître et lever les scellés, jusqu'à ce que la partie requérante ait prouvé par titres en forme et suffisants, qu'elle est celle appelée par la loi à succéder à la personne décédée.

3° Si le conjoint, les héritiers, ou quelques-uns d'eux sont mineurs non émancipés, ou dépourvus de tuteurs, le juge de paix doit encore refuser la levée du scellé, jusqu'à l'émancipation des mineurs, s'ils ont l'âge suffisant, ou jusqu'à ce qu'ils soient pourvus d'un tuteur et d'un subrogé tuteur; il peut même ordonner qu'avant toutes choses il sera procédé à ces émancipations ou nominations. Telle était, avant les juges de paix, la jurisprudence du parlement de Paris, qui, dès le 11 janvier 1666, en donna un arrêt de réglement. Cette jurisprudence est confirmée par le code de procédure.

4° Enfin, s'il y a des absents non représentés, intéressés dans la succession, le juge de paix ne doit pas ordonner la levée du scellé avant qu'ils soient légalement représentés. Cette représentation doit se faire de trois manières: ou par une procuration notariée, même sous signature privée; ou par la nomination d'un notaire, dans le cas de l'article 113 du code civil, et de l'article 931 du code de procédure, 3e paragraphe; ou enfin, par la nomination d'un curateur à l'absence des militaires. *V.* ABSENTS.

Quand toutes les parties intéressées sont présentes ou représentées, même dûment appelées, le juge de paix procède à la levée du scellé, en leur présence; et si l'une ou plusieurs ne comparaissent pas sur la sommation qui leur en a d'abord été faite ou dû l'être, suivant que je l'ai précédemment dit, il donne défaut contre les non-comparants, et pour le profit il passe outre à la levée du scellé; mais, dans tous les cas où il y a lieu à inventaire, les parties doivent d'abord être convenues du choix d'un ou de deux notaires, d'un ou de deux commissaires-priseurs, ou d'experts, pour procéder à l'inventaire; et si les parties ne s'entendent pas sur ces nominations, elles sont faites par le président du tribunal de première instance sur simple requête, sur le vu de la sommation faite à cet effet par la partie la plus diligente. Il faut encore, avant la levée du scellé, que les experts prêtent serment devant le juge de paix d'estimer en leur ame et conscience les meubles qui seront inventoriés. Mais si c'est un commissaire-priseur qui opère, il ne doit point prêter de serment.

J'ai dit que les parties conviennent des notaires et commissaires-priseurs, pour procéder à l'inventaire; cela demande une explication:

L'art. 935 du code de procéd., dit: « Que le conjoint commun en biens, les héritiers, l'exécuteur testamentaire et les légataires universels ou à titre universel, pourront convenir du choix d'un ou deux notaires, etc. S'ils n'en conviennent pas, le président du tribunal de première instance fera d'office les nominations. »

Ce texte a complété celui de l'article 1456 du code civil, qui statue simplement que, « la femme survivante qui veut conserver la faculté de renoncer à la communauté doit, dans les trois mois du décès du mari, faire faire inventaire contradictoirement avec les héritiers du mari, ou eux dûment appelés. »

Malgré le texte de l'article 935 qui précède, la cour de Paris a jugé le 28 octobre 1808, que c'est à la veuve commune, et non à l'héritier du mari, qu'appartient le droit de choisir des notaires et commissaires-priseurs qui doivent procéder à la confection de l'inventaire. (Sirey, *tom.* 9, 2e *partie*, *page* 38.)

L'exécuteur testamentaire, quoique ayant le droit de concourir à la nomination de ces notaires et commissaires-priseurs, ne peut empêcher qu'il en soit adjoint d'autres pour et par les héritiers présomptifs. (*Arrêt de la cour de Paris, rendu le* 6 *février* 1806.)

Pour éviter des frais, on peut nommer les notaires, experts et commissaires-priseurs, par la réquisition faite au juge de paix pour lever le scellé, sur son procès verbal; et par son ordonnance à la suite, il en donne acte, en recevant le serment des experts. C'est, d'ailleurs, évidemment l'esprit de l'article 936 du code de procédure, qui, en fixant tout ce que doit contenir un procès verbal de levée de scellés, prescrit d'y faire la nomination des notaires et experts.

Nous allons donner ce texte en abrégé, auquel nous ajouterons quelques observations qui feront connaître tout ce qui est nécessaire pour la rédaction d'un tel procès verbal.

Il contiendra la date par heure, jour, mois et an; les noms, professions, demeure et élection de domicile des requérants; l'ordonnance qui fixe le jour et l'heure de la levée du scellé; l'énonciation de la sommation prescrite par l'article 931; les comparutions et dires des parties comparantes, et le défaut contre celles qui sont défaillantes; la nomination des notaires, commissaires-priseurs et experts qui doivent opérer; la reconnaissance des scellés, s'ils sont sains et entiers; s'ils ne le sont pas, l'état des altérations; les réquisitions et perquisitions; les levées successives des scellés, au fur et à mesure de la confection de l'inventaire; les référés sur les difficultés qui peuvent survenir; la décharge du gardien des scellés; la remise d'effets appartenants à des tiers, s'il en est trouvé; le renvoi d'une vacation aux suivantes; les oppositions des créanciers, s'il en est fait; et enfin la remise des clefs par le greffier.

Ces éléments ne sont point modernes. Ils appartiennent, au contraire, à une jurisprudence fort ancienne. Examinons maintenant ce qui doit être fait sur divers incidents qui peuvent survenir pendant une levée de scellés.

D'abord, s'il y a bris ou altérations de scellés, le juge de paix ne doit pas se contenter d'établir l'état de ces altérations; il doit en outre procéder comme officier de police judiciaire. C'est ce que la loi explique nettement en ces termes : « *Sauf à agir comme il appartiendra pour raison desdites altérations.* »

Ainsi, si le bris de scellés se commettait devant le juge même, ou s'il venait d'être fait, le juge procéderait comme pour le flagrant délit, suivant ce qui est prescrit section 1re, chap. IV, livre 1er du code d'instruction criminelle. Il procéderait encore ainsi, s'il en était requis par le chef de la maison, en vertu de l'article 49 du même code. Mais hors de ces deux cas, il se bornerait à dresser procès verbal du bris de scellés, qu'il adresserait de suite au procureur du roi.

Comme il est un ordre établi pour l'assistance des opposants à la levée des scellés, le juge de paix ne perdra pas de vue les dispositions de l'article 932 du code de procédure civile, car c'est sur son procès verbal spécialement que doit se régler, dès la première vacation, le mode de représentation des opposants. Ils sont tenus de se faire représenter, dès la seconde vacation, par un seul mandataire dont ils conviennent; sinon, il est nommé d'office par le juge; ou plutôt il est désigné par la loi, puisqu'elle veut, *articulo citato*, que le plus ancien avoué qui se trouve parmi les mandataires, assiste de droit pour tous les opposants. Cependant, si l'un d'eux avait des intérêts différents ou contraires à ceux des autres, il pourrait assister ou se faire représenter à toutes les vacations, mais à ses frais. (*Art.* 933, *ibid.*) Tout cela est conforme à l'ancienne jurisprudence du Châtelet de Paris et à la déclaration du 30 juillet 1715.

Mais le conjoint survivant, les héritiers présomptifs, l'exécuteur testamentaire, les légataires universels ou à titre universel (*qui sunt tanquàm hæredes*), ne sont pas tenus de se conformer à ce mode de représentation ; ils ont droit d'assister à toutes les vacations de la levée de scellés, soit en personne, soit par fondés de pouvoirs.

S'il est trouvé sous les scellés des effets, titres ou papiers étrangers à la succession, qui soient réclamés par des tiers, la remise en est faite, s'il n'y a opposition, par le juge de paix ; et s'il est nécessaire d'en faire la description, elle est faite sur le procès verbal de levée de scellés, non sur l'inventaire, qui ne doit contenir que le seul mobilier de la succession. La description a lieu sur-tout quand il s'agit de titres et papiers confiés au décédé, et cette description vaut décharge pour tous les héritiers. (*V. la Collection de jurisprudence, Cod. n°* 80.)

Enfin, si, pendant la levée du scellé, il s'élève des contestations, soit sur les formes de procéder, soit sur le fond des prétentions des parties, le juge de paix doit référer au président du tribunal de première instance, devant lequel il ordonne aux parties de comparaître à jour et heure fixes et à bref délai. Il fait alors le rapport du différend sans délibérer. — Il faut bien observer, d'ailleurs, que, dans tout référé qui survient pendant la levée du scellé, le juge de paix ne doit jamais passer outre ni décider par provision, comme il le peut toujours faire dans une apposition de scellés, parce qu'il y a constamment urgence dans la mesure conservatoire, tandis qu'il n'y a point de danger dans le retard d'une levée de scellés. *V.* Référé, Inventaire après décès, et Scellés après décès des militaires.

LEVÉE DE SCELLÉS PROVISOIRE OU PARTIELLE. Elle a lieu dans deux circonstances principales : 1° Pour la remise des titres et papiers appartenants à des tiers. « Les citoyens, dont les titres, sentences, ou procédures confiés aux notaires publics, avoués, défenseurs-officieux, huissiers, fondés de pouvoirs, agents d'affaires et autres détenteurs, se trouvent sous les scellés, pourront requérir le juge de paix, ou tel autre officier public qui les aura apposés, de les lever de suite pour leur remettre les pièces qu'ils réclament.

» Les juges de paix, ou autres officiers publics, qui étant requis ne déféreront pas promptement à cette réquisition, seront responsables des dommages-intérêts qu'auront occasionés leur négligence ou refus. » (*Articles* 1er *et* 3 *du Décret du* 6 *pluviose an* 2.)

2° On lève provisoirement des scellés, pour extraire les effets à courte échéance et les livres d'un failli, sur la réquisition des agents de la faillite. « Les livres du failli seront extraits des scellés, et remis par le juge de paix aux agents, après avoir été arrêtés par lui : il constatera sommairement par son procès verbal l'état dans lequel ils se trouveront.

» Les effets de portefeuille qui seront à courte échéance ou susceptibles d'acceptation, seront aussi extraits des scellés par le juge de paix, décrits et remis aux agents pour en faire le recouvrement : le bordereau en sera remis au commissaire. » (*Art. 463, Code de commerce.*)

Ces levées de scellés provisoires se font sans rien préjuger ni sur les droits, ni sur les qualités des parties intéressées ; il suffit, d'ailleurs, de reconnaître les scellés sous lesquels sont les titres, papiers et effets réclamés. Aussitôt que l'extraction est terminée, les scellés sont réapposés. Le tout se fait en présence des parties, ou dûment appelées. —Les formalités pour parvenir à ces opérations partielles sont les mêmes que celles qui s'observent pour les levées de scellés définitives dont nous venons de parler. Enfin, en cas de contestations pendant la durée de ces opérations provisoires, le juge de paix en réfère au président du tribunal de première instance, lorsqu'il ne s'agit pas de faillite. Dans ce dernier cas, il n'y a point de référé ; le juge de paix ordonne un sursis à l'opération et délaisse les parties à se pourvoir devant juges compétents. Pendant ce litige, les choses sont remises par le juge de paix dans leur premier état. *V.* RÉFÉRÉ, INVENTAIRES A[illegible] FAILLITE.

LIBRAIRIE. La saisie d'ouvrages de librairie contrefaits, est nulle, si la visite domiciliaire a été faite sans ordonnance préalable. Jugé ainsi par arrêt de la cour de cassation du 5 floréal an 13. *V.*, pour le complément de cet article, BREVET D'INVENTION.

LIVRES DOMESTIQUES ET AUTRES. *V.* REGISTRES.

LOTERIES, JEUX DE HASARD. *V.* CONTRAVENTIONS DE DEUXIÈME CLASSE, N° 5.

LOUAGE. Il se divise en louages de choses, de personnes et d'industries. Le louage de choses se subdivise en baux à loyer, à ferme et à cheptel. Toutes les actions qui naissent de ces pactes sont constamment mobilières et personnelles, et dès-lors de la compétence des juges de paix jusqu'aux sommes dont ils connaissent en ces matières.

On trouve les définitions de ces différents louages et les règles particulières à chacun, dans le titre 8, chapitres Ier., II et III du code civil. Elles sont trop étendues pour que nous les retracions ici; nous croyons cependant devoir présenter un sommaire des principes qui, dans ces matières, sont le plus souvent appliqués dans les justices de paix.

1° On peut louer toutes sortes de choses mobilières et immobilières, soit verbalement, soit par écrit. Mais la location verbale est sujette à plusieurs inconvénients que le bail écrit ne peut éprouver.

Une location verbale qui n'a encore reçu aucune exécution et qui est niée par l'une des parties, ne peut se prouver par témoins, quoiqu'il y ait eu des arrhes données, et quelque modique qu'en soit le prix. La loi permet seulement de déférer le serment à celui qui nie le bail.

S'il survient une contestation sur le prix du loyer verbal, dont l'exécution a commencé, et s'il n'en existe point de quittance, le propriétaire en est cru sur son serment, sauf au locataire à demander l'estimation de la valeur de l'objet loué. Les frais en sont à sa charge, si le prix qu'il a déclaré est inférieur à l'estimation.

Lorsqu'un bail n'est pas authentique, ou n'a pas de date certaine, le locataire, qui est assujetti par une convention particulière à souffrir le congé du nouvel acquéreur, n'a droit à aucune indemnité.

Lorsqu'encore il s'agit de donner congé sur un bail verbal, on ne peut le faire qu'en observant les délais fixés par l'usage des lieux. *V.* CONGÉ SUR BAIL VERBAL.

Voilà quatre règles dont les baux écrits sont affranchis, parce qu'ils forment la loi invariable des parties, dont les conditions sont connues sans aucun doute; parce qu'encore les baux écrits cessent de plein droit le dernier jour fixé, sans qu'il soit besoin de donner congé.

Cependant, si, à l'expiration de ces mêmes baux, le preneur est laissé en possession, il s'opère un nouveau bail, qui est alors considéré comme verbal pour sa durée et ses effets. On sait que la durée d'un bail verbal est toujours censée n'être que d'une année. L'article 1774 du code civil dispose formellement ainsi pour les biens ruraux; et l'article 1738, dont les dispositions sont communes aux baux des maisons et des domaines, renvoie sur ce point au premier article, comme réglant l'effet des baux non écrits.

Il en est ainsi, lors même qu'il y a eu congé signifié, soit au preneur, soit au bailleur, lorsque le locataire continue sa jouissance après l'expiration du bail.

Malgré ces différences sensibles dans les effets des baux écrits et des baux verbaux, ces contrats ont des règles communes qui imposent des obligations égales et respectives aux deux parties contractantes. Le propriétaire doit, par la nature de la convention même, 1° délivrer au preneur la chose louée, en bon état; 2° entretenir l'objet loué en état de servir à l'usage du locataire, et y faire les réparations nécessaires, autres que les locatives; 3° en faire paisiblement jouir le preneur pendant la durée du bail.

De son côté, le preneur doit apporter dans sa jouissance tous les soins convenables à la conservation de la chose louée, c'est-à-dire, en jouir en bon père de famille, et suivant la destination convenue, ou naturelle. Il doit aussi payer le prix du bail aux termes fixés, et rendre les lieux dans l'état où il les a reçus, suivant la visite qui en a été faite. A défaut de cette visite, le preneur est réputé avoir pris les lieux en bon état, sauf la preuve contraire. Il répond d'ailleurs des dégradations ou des pertes qui arrivent pendant sa jouissance, à moins qu'il ne prouve qu'elles n'ont pas eu lieu par sa faute, mais par vétusté, ou par accident. Enfin le preneur est tenu des réparations locatives ou de leur entretien. On en trouve le détail dans l'article 1754 du code civil. Quand ces sortes de réparations ne proviennent que de vétusté, il n'en est pas tenu.

Il est plusieurs de ces obligations réciproques, qui emportent, par leur non exécution, la résiliation du bail, ou le paiement d'une indemnité. Le défaut de paiement des loyers, celui de garnir la maison louée de meubles suffisants, et le défaut de remplir les engagements respectifs, emportent la résiliation du bail. Mais il n'y a lieu qu'à des indemnités pour la non jouissance qui provient de faits dont le propriétaire est responsable, pour les pertes et dégradations occasionées par le preneur, pour le congé donné par un tiers acquéreur, lorsque cette faculté est stipulée par un bail écrit.

Il n'y a pas également lieu à résolution par la mort de l'une ou de l'autre partie, ni en cas de vente de la chose louée, à moins que le bailleur n'en eût fait une condition du bail; ni encore dans le cas où ce dernier voudrait occuper lui-même les lieux. La loi *œde* et la loi *emptorem*, qui sur ces points ont si long-temps formé le droit commun de la France, n'existent plus. Le code civil en a prononcé formellement l'abrogation.

2º A l'égard du louage des choses mobilières, il se règle pour la durée et les effets, par les mêmes principes que je viens d'établir. En effet, le bail de meubles loués pour garnir une maison entière, ou un appartement, est censé fait pour la durée ordinaire des baux de maisons, corps de logis, boutiques, etc., sur-tout si c'est le même bailleur qui loue le tout. Cependant l'article 1758 du code civil ajoute que ce bail est réputé fait à l'année, quand il a été fait à tant par an; au mois, quand il a été fait à tant par mois; au jour, s'il a été fait à tant par jour. A défaut de telles fixations, le bail est censé fait suivant l'usage des lieux.

La perte des meubles loués, ou leur anéantissement par vétusté, résout leur bail. Mais si la perte ou le dommage provient du fait du locataire, il paie la valeur, soit de la chose perdue, soit de la simple détérioration.

On classe au rang des locations de meubles, le bail à cheptel, qui se divise en cheptel simple ou ordinaire, en cheptel à moitié, et en cheptel improprement dit. Autrefois les juges de paix avaient une compétence fort étendue en matière de cheptels; mais elle est cessée, et aujourd'hui il n'entre pour ainsi dire dans leurs attributions que la dernière espèce de cheptel, qui est celui qui se forme par la cession de la jouissance d'une ou plusieurs vaches, ou plusieurs brebis; cession qui se fait moyennant telle rétribution, ou les profits des veaux ou agneaux. Quant aux autres espèces de cheptels, il est rare que la valeur des bestiaux donnés ou fournis, ne s'élève pas au-dessus des compétences des juges de paix, en matière pure personnelle. Ainsi, il serait inutile de nous en occuper. Nous dirons seulement que dans tous les cheptels, le preneur n'est pas responsable de la perte arrivée par cas fortuit, à moins qu'il n'ait été précédé ou occasioné par quelque faute du preneur ; et en cas de contestation, le bailleur doit prouver la faute qu'il impute au preneur. Dans tous cheptels encore, le preneur ne peut disposer d'aucune bête ni du croît sans le consentement du bailleur. Enfin, s'il s'agit de brebis, il ne peut les tondre sans un pareil consentement.

3° Il me reste à parler maintenant du louage des personnes ou d'industrie, dont le code civil a formé trois divisions principales; savoir : le louage des gens de travail, celui des entrepreneurs d'ouvrages par suite de devis et marchés, et celui des voituriers tant par terre que par eau. Je ne parlerai point ici de cette dernière espèce, parce qu'elle est essentiellement dans les attributions des tribunaux de commerce.

Quant au louage des domestiques ou ouvriers, la loi nouvelle n'établit que des points généraux : 1° que l'on ne peut louer ses services qu'à temps, ou pour une entreprise déterminée ; 2° que le maître est cru sur son affirmation pour la quotité des gages, pour le paiement du salaire de l'année échue, ou pour les à-compte donnés sur l'année courante. Mais le code civil ne dit rien sur les cas de résolution de ces sortes de louages, qui cependant se présentent fréquemment. Voici la jurisprudence que j'ai vu suivre à cet égard, tant sous l'ancienne législation que sous la nouvelle.

Le contrat qui se forme entre le maître et le domestique, exige comme tous les autres, dans la rigueur du droit, les consentements respectifs des parties pour opérer sa résolution. Mais cette règle est sujette à tant de variations et d'exceptions, qu'on ne peut pas dire qu'elle est générale.

D'abord le maître ne peut être assujetti à garder chez lui, dans sa maison, un domestique qui serait infidèle, ou habituellement paresseux et mauvais travailleur, ou enfin impertinent, obstiné, méchant. De son côté, le domestique ne peut être obligé à servir un maître qui ne lui donnerait pas une nourriture saine et suffisante, qui exigerait un travail au-dessus de ses forces, et qui ne le paierait pas de ses salaires échus. Dans ces différents cas, il y a lieu d'autoriser, soit à donner, soit à prendre congé sans indemnité; mais dans toute autre circonstance, on doit prononcer une indemnité contre le maître qui renvoie son domestique sans sujet valable, ou contre le domestique qui cesse de même son service. Celui-ci doit encore être condamné à reprendre ce service; sinon, le maître est autorisé à le faire remplacer à ses frais et dépens.

A l'égard des devis et marchés, toutes les fois qu'ils ne contiennent que des salaires, et qu'ils sont faits avec des ouvriers et gens de travail, les juges de paix en connaissent, à quelques sommes ou valeur qu'ils puissent monter en premier instance. Mais si ces devis ou marchés contiennent en outre des fournitures, les juges de paix ne peuvent prononcer que jusqu'à la valeur de cent francs sur ces mêmes fournitures. Si encore ces devis et marchés existent entre des architectes et des propriétaires, ils ne sont de la compétence des juges de paix que lorsqu'ils n'excèdent pas les sommes fixées pour leurs attributions en matières pures personnelles et mobilières.

Au reste, le contrat de louage d'industrie se dissout par la mort de l'ouvrier ou de l'entrepreneur. Mais les ouvrages faits auparavant se paient à sa succession dans la proportion du prix de l'entreprise. Cependant le maître ou le propriétaire peut, par sa seule volonté, résilier un marché à forfait, en indemnisant l'ouvrier de toutes ses dépenses et travaux, même de ses bénéfices présumés.

L'entrepreneur ou l'ouvrier qui a fait un marché, répond du fait des personnes qu'il emploie. S'il fournit les matériaux, et que l'entreprise vienne à périr avant la livraison ou l'acceptation, la perte est pour lui seul, à moins qu'il n'eût mis le propriétaire en demeure de recevoir l'ouvrage ; mais, lorsque cet entrepreneur ne fournit que son travail, il ne répond que de sa faute.

On assimile aux entrepreneurs, les maçons, charpentiers, et autres ouvriers qui font directement des marchés à prix fait, dans la partie que chacun traite.

Je terminerai cet article par l'analyse très-succincte de divers arrêts rendus sur ces matières.

La cour de Poitiers a jugé, le 31 juillet 1806, que le locataire qui laisse expirer deux années sans payer le prix de son bail, peut être expulsé. Mais je ne crois pas que cet arrêt ait décidé que le locataire ne peut être expulsé avant ce temps, parce que ce serait visiblement et habituellement compromettre les intérêts du bailleur. L'article 1741 du code civil, qui prononce purement et simplement la résiliation du bail, par le défaut d'exécution des engagements des parties, ne dit point qu'il faut attendre deux années de non-paiement pour opérer cette résiliation. Ainsi, dès qu'un premier terme n'est pas acquitté, il y a non-exécution des engagements du preneur. Cependant, si sur la demande en résiliation, même après le jugement signifié, le fermier ou le locataire paie les termes échus, l'expulsion prononcée est comme non avenue; car cette peine est comminatoire dès que sa cause vient à cesser: *cessante causâ, cessat effectus;* tellement qu'un preneur en état de faillite n'est pas même expulsé, s'il donne caution ou hypothèque suffisante. C'est ce qui a été jugé ainsi par arrêt de la cour de cassation du 16 décembre 1807. (Denevers, *an* 1808, *page* 66.)

Le bailleur n'est pas tenu de garantir le preneur du trouble que des tiers apportent par voie de fait à sa jouissance, si ce trouble n'est pas la suite d'une action concernant la propriété du fonds; ou si encore il ne s'agit pas de l'exécution des ordres de ce bailleur. Jugé affirmativement dans l'une et l'autre hypothèse, par la cour de Nîmes, le 26 juin 1806, d'après le texte de l'article 1725 du code civil, qui dispose formellement ainsi :

Tout fermier ou locataire qui n'est point chargé des cas fortuits, ne peut, lorsqu'il en éprouve, obtenir une diminution sur le prix de son bail, qu'autant qu'il a fait constater le dégât sur-le-champ, par un procès verbal légal. La cour de Poitiers l'a décidé ainsi par arrêt du 17 juillet 1806, et celle de cassation l'a jugé de même le 5 mai 1808. (*V.* Sirey et Denevers, 1807 et 1808.)

Tous les meubles, à quelque prix qu'ils s'élèvent, qui garnissent une maison louée, répondent des loyers échus et à échoir, lors même qu'ils se trouveraient appartenir à d'autres qu'au locataire, et celui-ci ne serait pas recevable à en laisser pour la valeur des loyers, pendant tout le cours du bail, et à enlever le surplus. Ceux qui auraient même déjà été enlevés, doivent être rétablis. Tel est le dispositif d'un arrêt de la cour de Paris, du 2 octobre 1806. Ces dispositions, au reste, sont conformes au nouveau code. *V.* CONGÉ.

M.

MAITRES. Ils répondent civilement pour leurs domestiques, ouvriers, apprentis. *V.* PERSONNES RESPONSABLES.

Les maîtres sont crus sur leur affirmation, au préjudice des domestiques. *V.* LOUAGE.

MEMBRES DE LA LÉGION-D'HONNEUR. Par une circulaire du ministre de la justice, du 24 juin 1808, il est prescrit aux juges de paix d'envoyer sans délai, aux procureurs du roi, copie certifiée de tous les jugements qu'ils rendent en simple police contre des membres de la Légion-d'Honneur.

MÈRE TUTRICE. Le père, mourant, peut donner à la mère survivante un conseil dans l'administration de la tutelle de ses enfants mineurs. Elle ne peut en ce cas faire aucun acte de sa gestion sans l'assistance de ce conseil, à moins que celui-ci ne fût institué que pour certaine partie de la tutelle seulement ; alors la mère serait libre pour le surplus de son administration. La nomination de ce conseil se fait, ou par acte de dernière volonté, ou par une déclaration faite devant le juge de paix.

La mère qui se marie en secondes noces, perd de plein droit la tutelle de ses enfants, si, avant la célébration de ce nouveau mariage, elle n'est confirmée dans sa tutelle par un conseil de famille, convoqué par elle-même. Cependant j'ai vu, malgré cette disposition textuelle de la loi, des conseils de famille se permettre de maintenir dans la tutelle de leurs enfants, des mères remariées, sans y avoir été conservées ; j'en ai vu d'autres qui, montrant en apparence plus d'égard pour la loi, ont nommé pour nouveau tuteur aux enfants, le second mari de la mère déchue, *secundis nuptiis* ; mais l'une et l'autre mesure sont des violations manifestes de la loi. Maintenir en effet une mère déchue de son droit par la seule force de la loi, c'est annuler complétement la disposition pénale ; c'est paralyser l'effet d'une mesure de laquelle dépendent les intérêts des mineurs ; c'est enfin faire grace d'une prohibition formellement encourue. Il en est de même de la nomination du second mari pour nouveau tuteur : c'est éluder la loi qui frappe aussi bien sur le second mari que sur la mère déchue, puisqu'en cas de conservation légale, l'un est adjoint à l'autre comme tuteur, et cette adjonction n'existe jamais quand il y a déchéance ; c'est d'ailleurs mettre, sous un autre nom, la mère déchue à la place qu'elle a perdue de plein droit. Je suis donc loin de croire que de telles nominations soient valables ; je pense au contraire que la mère qui se remarie sans être maintenue dans la tutelle, la perd irrévocablement, sans pouvoir jamais y être rappelée sous aucun prétexte. C'est ce que la cour de Nîmes a jugé affirmativement le 19 prairial an 13, en annulant l'acte d'un conseil de famille qui avait validé des actes d'administration faits par une mère déchue de la tutelle par ses secondes noces. La cour de cassation a été plus loin ; elle a décidé (*sections réunies*), que la mère tutrice, qui s'est remariée sans avoir observé les formalités prescrites pour obtenir la maintenue de sa tutelle, non-seulement ne peut y être rétablie, mais encore qu'elle est privée de la succession de l'enfant dont elle a perdu la tutelle ; cet arrêt, rendu d'après la loi de nivose an 2, est du 24 fructidor an 13.

La cour de Poitiers a décidé le 15 février 1811, que la mère non maintenue dans la tutelle, y a perdu *tout droit dans la suite* ; que cependant elle peut encore rester chargée de l'éducation de ses enfants.

Enfin, la cour de Paris a jugé, le 4 décembre 1807, que l'article 395 du code civil s'applique même au cas où le convol est antérieur à la publication du code.

Ces principes ne sont point nouveaux, et la jurisprudence ancienne était très-rigoureuse sur ce point. La mère qui passait à de secondes noces perdait la tutelle de ses enfants sans espoir de retour, même quoique le second mari fût décédé peu après le mariage, *durante adhuc tutellâ*. Jamais la mère ne pouvait reprendre cette tutelle après l'avoir perdue, *ob neglectam prioris mariti memoriam spretumque maternum ergà liberos amorem*.

Mais la tutelle ainsi perdue ne passe pas de plein droit à l'aïeul existant, soit dans une ligne, soit dans une autre; c'est au conseil de famille à pourvoir au remplacement de la mère déchue. La cour de cassation l'a ainsi jugé le 26 février 1807.

Les mères, dans l'exercice de leur tutelle, sont assujetties aux mêmes formalités que les autres tuteurs, pour leur administration; elles doivent, comme eux, faire nommer un subrogé tuteur à leurs pupilles, faire faire inventaire, même vente des meubles dans certains cas, demander et obtenir les autorisations prescrites pour l'aliénation des biens des mineurs, pour traiter ou transiger sur leurs intérêts ou autres cas particuliers. Cependant ces règles générales souffrent plusieurs exceptions pour les mères non remariées.

1° Tant que la mère conserve la jouissance propre et légale des biens de ses enfants, elle peut conserver leurs effets mobiliers en nature, au lieu de les faire vendre, à la charge par elle de les rendre, à la majorité ou à l'émancipation de sesdits enfants, en nature, ou leur valeur. A cet effet, elle est tenue, dans ce cas, de faire faire une estimation desdits effets et meubles par un expert, qui prête serment devant le juge de paix, et qui opère en présence du subrogé tuteur. (*Article* 453, *Code civil.*)

2° Si la mère tutrice ne veut pas exercer par elle-même la tutelle, elle peut la conférer à un conseil d'administration révocable à sa volonté. (*Arrêt de la cour de cassation, du* 21 *mai* 1806.)

3° La mère peut refuser la tutelle purement et simplement, sans être tenue à autre chose qu'à exercer jusqu'à ce qu'elle ait fait nommer un tuteur pour la remplacer. (*Art.* 394, *Code civil.*)

4° Mais, d'un autre côté, la mère peut être limitée dans l'exercice de sa tutelle, puisque le père mourant peut lui nommer un conseil spécial, sans l'avis duquel elle ne pourra valablement faire aucun acte relatif à la tutelle, à moins que ce conseil ne soit nommé que pour des actes désignés particulièrement, et en ce cas, je le répète, la mère resterait capable de faire seule tous autres actes de la tutelle. (*Art.* 391, *Code civil.*) *V.*, pour complément de cet article : Conseil de

FAMILLE, TUTELLES DES CINQ ESPÈCES, TUTEUR, SUBROGÉ TUTEUR.

MEUBLES. Ils sont susceptibles de divisions remarquables. On distingue d'abord les meubles meublants d'avec le mobilier, ou effets mobiliers; on diffère ensuite sur le sens du mot *meuble* et sur celui de *biens meubles*. On excepte enfin des meubles en général, tous ceux qui, par leur destination habituelle, s'incorporent, en quelque sorte, aux immeubles.

Un grand nombre d'actions naissent des meubles, des effets mobiliers et de leurs variations même. Toutes sont dans les attributions des juges de paix, quand les valeurs n'excèdent pas les bornes de leur compétence. Il me semble donc nécessaire de tracer ici sommairement l'esprit de la législation actuelle sur les meubles.

« Le mot *meuble* employé seul dans les dispositions de la loi ou de l'homme, sans autre addition ni désignation, ne comprend pas l'argent comptant, les pierreries, les dettes actives, les livres, les médailles, les instruments des sciences, des arts et métiers, le linge de corps, les chevaux, équipages, armes, grains, vins, foins et autres denrées, ni ce qui fait l'objet d'un commerce. » (*Article* 533, *Code civil.*)

« Les mots *meubles meublants* ne comprennent que les meubles destinés à l'usage et à l'ornement des appartements, comme tapisseries, lits, siéges, glaces, pendules, tables, porcelaines et autres objets de cette nature. » (*Article* 534, *ibidem.*)

« L'expression *biens meubles*, celle de *mobilier* ou d'*effets mobiliers*, comprennent généralement tout ce qui est censé meuble, d'après les règles ci-dessus établies. » (*Article* 535, *ibidem.*)

« En fait de meubles, la possession vaut titre; néanmoins celui qui a perdu ou auquel il a été volé des effets mobiliers, peut les revendiquer pendant trois ans, à compter du jour de la perte ou du vol, contre celui dans les mains duquel il les trouve; sauf à celui-ci son recours contre celui duquel il les tient. » (*Article* 2279, *ibidem.*)

Sont immeubles par leur destination « les effets placés par le propriétaire sur son terrain et pour son exploitation, notamment les animaux du labourage, les ustensiles aratoires, les semences, les pigeons des colombiers, les lapins des garennes, les ruches à miel, les poissons des étangs, les pressoirs, chaudières, alambics, cuves et tonnes, les ustensiles nécessaires à l'exploitation des forges, papeteries et autres usines, les pailles et engrais, en un mot, tous les objets que le propriétaire est censé avoir attachés au fond, à perpétuelle demeure, tels que ceux scellés en plâtre, chaux et ciment, « les glaces dont le parquet fait corps avec la boiserie, les tableaux et ornements qui ne peuvent s'enlever sans détérioration. » (*Extrait des articles* 524 *et* 525, *Code civil.*)

Ainsi, tous ces objets d'exception, tant qu'ils sont attachés aux immeubles, doivent suivre le sort de ces derniers, pour les actions réelles ou mixtes qui sont intentées; mais quand ces immeubles fictifs éprouvent des dommages, des déplacements, des soustractions, par des faits accidentels, des quasi-délits, etc., alors les actions qui en résultent sont pures personnelles ou mobilières.

On ne peut aujourd'hui asseoir une hypothèque sur de simples meubles. (*Art.* 2118, *Code civil.*) C'est ce qui a été jugé par arrêt de la cour de cassation du 17 mars 1807.

MINEUR DÉPOURVU DE TUTEUR. *V.* TUTELLES DES DIFFÉRENTES SORTES, TUTEUR, CONSEIL DE FAMILLE.

MINEUR ÉMANCIPÉ. Il peut requérir l'apposition du scellé après décès, soit comme héritier présomptif ou légataire à titre universel, soit comme créancier de la succession; il n'a pas besoin, pour cela, de l'assistance de son curateur aux causes, parce que l'apposition du scellé n'est qu'un acte conservatoire. (*Article* 910 *du Code de procédure.*)

V. ÉMANCIPATION, pour le complément de cet article.

MINUTES DES JUSTICES DE PAIX. *V.* GREFFIERS.

MONNAIES ET ESPÈCES NATIONALES. *V.* CONTRAVENTION DE SECONDE CLASSE, n° 11.

N.

NAUFRAGES. *V.* CONTRAVENTIONS DE PREMIÈRE CLASSE.

NETTOIEMENT DES RUES. *V.* lesmêmes.

NOTIFICATION AU TUTEUR DE SA NOMINATION. Elle se fait dans les trois jours de la délibération du conseil de famille qui a institué le tuteur. Un des membres de ce conseil est nommé pour faire faire, à sa requête et diligence, cet acte extrajudiciaire, qui requiert toujours célérité, parce que les intérêts du mineur peuvent souffrir tant que ce tuteur n'entre pas en fonctions : voilà pourquoi la loi fixe le bref délai de trois jours.

On sait que cette notification n'est nécessaire que lorsque la nomination du tuteur n'est pas faite en sa présence ; ainsi, dans cette hypothèse, les juges de paix ne doivent jamais omettre de faire délibérer le conseil sur le choix d'un de ses membres, pour faire opérer la notification. *V.* CONSEIL DE FAMILLE, AVIS DE PARENTS.

NULLITÉS. Ce sont des vices de procédures qui les font casser.

La première règle des juges quand ils décident sur des nullités, c'est de considérer qu'elles sont de rigueur, c'est-à-dire, qu'ils ne peuvent jamais les prononcer si elles ne sont textuellement établies par une loi. Cette règle, consacrée par la jurisprudence et les codes anciens, l'est aussi par l'article 1030 du code de procédure; le voici: « Aucun exploit ou acte de procédure ne pourra être déclaré nul, si la nullité n'en est pas formellement prononcée par la loi (1). »

Des quarante-sept premiers articles de ce code, consacrés aux justices de paix, il n'en est aucun qui prononce des nullités, si ce n'est le 15e, dont je parlerai au mot Péremption; mais il ne faut pas croire, pour cela, qu'il n'y ait aucun acte qui, dans les tribunaux de paix, soient assujettis à des nullités. Il y a lieu de les prononcer, au contraire, toutes les fois qu'elles sont déterminées par le code pour des actes semblables à ceux qui se font devant les juges de paix. On l'a pratiqué ainsi pour les formes de procéder introduites par la loi du 26 octobre 1790, qui ne parlait pas plus que le nouveau code, de nullités particulières à la procédure des justices de paix, et on appliquait alors les nullités établies par l'ordonnance de 1667, ce qu'on ne doit plus faire, cette loi étant abrogée par le nouveau code.

Ainsi les juges de paix appliquent maintenant aux citations, les nullités qui sont déterminées pour les exploits (*article* 61 *et suivants de ce nouveau Code*); car une citation ou un exploit d'ajournement, c'est la même chose. Ils appliquent aux actions possessoires, les nullités prescrites par l'article 64, pour les actions réelles ou mixtes. Ils appliquent enfin les nullités qui sont établies par les dispositions des articles 66, 68,

(1) Il faut en excepter les nullités substantielles. *V.* cet article du Code en entier et le suivant.

69, 70, 260, 262, 344 du même code de procédure, et par les articles 146, 153, 154, 155, 159 et 163 du code d'instruction criminelle.

Les nullités se couvrent par les défenses au fond; elles doivent être proposées *in limine litis*; autrement elles ne sont plus recevables. C'est une règle constante admise depuis des siècles, confirmée par la législation nouvelle, tant dans les matières de police, que dans celles civiles. Cependant la cour de cassation a jugé que celui qui a fait emploi d'une copie d'exploit nul, peut encore en proposer la nullité. Tel est son arrêt du 22 brumaire an 13. Mais cette décision ne peut plus servir de règle d'après le texte de l'article 173 du code de procédure, ainsi conçu : « Toute nullité d'exploit ou d'acte de procédure est couverte, si elle n'est proposée avant toute défense ou exception, autre que les exceptions d'incompétence. »

La cour de cassation a aussi jugé que l'exploit laissé à domicile, parlant à une femme, sans autre désignation, est nul. Il y en a trois arrêts semblables, des 24 ventose an 11, 5 thermidor an 13 et 20 juin 1808; de même, cette cour a jugé qu'un exploit dont la copie a été délivrée à un citoyen sans en désigner le nom, est nul. (*Arrêt du 24 brumaire an* 10.)

On peut se désister d'un acte de procédure nul, dès qu'on s'aperçoit de l'irrégularité, et lors même que l'exception de nullité en serait proposée. Alors le demandeur, dans l'un ou l'autre cas, supporte les frais de l'acte illégal et du jugement, qui donne acte du désistement s'il en est prononcé.

Mais il n'est pas toujours besoin du jugement pour casser un acte de procédure. La partie qui l'a fait peut seule le révoquer sans l'autorité du juge; c'est une règle fort ancienne que les lois romaines nous ont transmise. *V.* la loi *edita* 3, *Codice de edendo* et la loi *eum qui temerè*, 79, *ff. de judiciis.*

Je crois nécessaire de tracer ici sommairement les nullités qui peuvent se commettre ou se juger en justice de paix, cela complétera les articles CITATION, CÉDULE, DÉLAI, ENQUÊTE, PROCÉDURES EN POLICE SIMPLE.

Une citation est nulle si la copie est mal datée, encore que l'original soit en règle. La copie est mal datée si, à défaut de mention du mois, il n'apparaît pas suffisamment qu'elle ait été faite dans les délais de la loi. Ainsi jugé par arrêt de la cour suprême du 21 floréal an 10, et par autre arrêt de la cour de Bruxelles du 30 avril 1807.

Un exploit, une notification de jugement par défaut, un commandement, sont nuls, s'ils portent une date antérieure à l'enregistrement du jugement dont ils contiennent la signification, encore que cette fausse date ne soit que dans la copie. Tel est le dispositif d'un arrêt de la cour de cassation du 8 février 1809, rapporté par Sirey, tome 9, partie première, page 160.

La copie d'un exploit tient lieu de l'original à la partie assignée; ainsi la régularité de l'original ne couvre point les nullités qui peuvent exister dans la copie. C'est un principe très-ancien de la jurisprudence des parlements, confirmé par l'ordonnance de 1667, et respecté par la cour de cassation, par son arrêt du premier brumaire an 13.

Cependant, lorsque l'imperfection d'un acte dérive d'une simple erreur de copiste, cette imperfection n'opère pas la nullité de l'acte, encore qu'elle soit l'inobservation d'une formalité prescrite à peine de nullité. Cette exception a été introduite par un autre arrêt de la même cour, du 2 nivose an 9. *V.* Sirey, *tome premier, deuxième partie, page 476.*

L'obligation imposée à l'huissier d'énoncer ses noms dans l'exploit, est suffisamment remplie par la signature de son nom de famille au pied de l'acte; c'est du moins ce qui a été affirmativement jugé par la cour de Rennes, le 22 août 1810. (Sirey, *tome 14, deuxième partie, page* 128.)

Il n'est pas nécessaire, sous peine de nullité, d'exprimer dans un exploit d'ajournement, que l'individu auquel la copie est laissée, est parent ou serviteur du maître de la maison. Il suffit que l'individu soit nommé et qu'il ait réellement avec l'assigné les rapports que la loi exige; sans cela l'exploit est nul. Jugé ainsi par arrêt de la cour de cassation du 23 janvier 1810.

Mais lorsqu'on signifie un exploit à domicile en parlant à une femme aux injonctions de droit, ce n'est pas désigner, comme le veut la loi, la personne à laquelle ledit exploit est remis; ainsi il y a nullité formelle dans cette hypothèse. (*Ordonnance de* 1667, *titre* 2, *article* 3, *confirmé par l'article* 61 *du code de procédure, et respecté par un arrêt de la cour de cassation du* 24 *ventose an* 11.)

Il ne suffit pas même de dire dans *le parlant à* d'une citation, que la copie a été laissée à une fille de confiance, *à ce qu'elle a dit être*; il faut, à peine de nullité, que le rapport qui existe entre l'assigné et la personne qui reçoit la copie soit plus clairement expliqué. C'est ce qui a été jugé par la même cour le 4 novembre 1811, entre la régie des domaines et Le Marquant. (Sirey, *tome* 12, *première partie, page* 32.)

Cependant une citation peut être laissée au domicile de l'assigné en parlant à son *salarié;* cette désignation établit suffisamment le rapport entre l'assigné et celui qui reçoit la copie. (*Arrêt de la cour de cassation du* 11 *messidor an* 11.)

Lorsqu'une femme séparée de biens est appelée en jugement comme partie principale, et que le mari doit être appelé pour l'autoriser, ils sont nullement et irrégulièrement assignés tous deux, s'il n'y a qu'un seul exploit, ou plutôt s'il ne leur a été laissé qu'une copie parlant à la personne du mari. Tel est le dispositif d'un arrêt de la cour de cassation du 7 septembre 1818, qui en a cassé un autre de la cour de Paris qui avait jugé en sens contraire. (Sirey, *tome* 8, *première partie, page* 503.)

Pour qu'une citation soit réputée avoir été signifiée à deux parties distinctes, il ne suffit pas que l'acte porte qu'il a été notifié à ces deux parties; il faut encore qu'il atteste que chacune en a reçu copie séparée; à défaut de cette mention, l'acte est nul, sans que celui qui conteste l'acte ait aucune preuve à faire. Décidé ainsi par arrêt de la cour de cassation du 14 août 1813, qui a cassé un autre arrêt contraire rendu par la cour de Paris. (Sirey, *tome premier, première partie, page* 443.)

Une assignation qui n'cmbrasse pas le délai de distance, est nulle. C'est du moins le dispositif d'un arrêt de la cour de Bruxelles, rendu le 12 juillet 1810, entre la veuve Schotc et Couteau. Mais l'assignation donnée à un délai trop bref est-elle nulle par cela seul? Jugé affirmativement par la cour de Nîmes, le 17 novembre 1812, et prononcé négativement par celle de Besançon, le 17 décembre 1808; par celle de Nîmes elle-même, le 15 mai 1811; et par celle de Trèves, le 2 octobre 1812. Je suis aussi d'avis de la négative, parce que la loi ne prononce pas formellement la nullité en ce cas. Ce point de controverse ne peut d'ailleurs en être un pour les justices de paix, puisque dans les cas où les délais ne sont pas observés dans les citations, le juge doit ordonner que le défendeur sera réassigné, s'il est non comparant; alors les frais de la première citation sont à la charge du demandeur. (*Article* 5, *Code de procédure.*)

Une citation, un exploit, donnés dans les délais de la loi, sans autre désignation, sont-ils valables? Jugé affirmativement par la cour de cassation le 20 avril 1814.

La partie qui réitère une assignation n'est pas censée par cela seul révoquer sa première assignation ou renoncer à son bénéfice. (*Arrêt de la même cour du* 27 *avril* 1813.) *V.* Sirey, *tome* 13, *première partie, page* 87.

Celui qui assigne doit s'assurer du domicile légal de la partie assignée. Si donc celle-ci a légalement transporté son domicile d'un lieu dans un autre, l'assignation au dernier domicile est nulle; le requérant ne peut s'excuser sur l'ignorance de ce changement. Peu importe que dans l'assignation il soit dit que la partie assignée n'a ni domicile, ni résidence connus. Arrêt de la cour de Paris du 10 juin 1811, qui me paraît conforme au droit romain. *Domicilium esse videtur ubi quis lares, rerumque ac fortunarum suarum summam constituit; aut ubi majorem bonorum partem possidet et assiduè versatur. Leg.* 7, *Cod. de incolis et ubi quis domicilium habere videtur.* L'article 102 du code civil, dit en termes généraux que le domicile est au lieu où l'on a son principal établissement.

Dans aucun cas, les nullités ne peuvent être excusées par l'intention de procéder régulièrement. Ainsi jugé par autre arrêt de la même cour de Paris, du 4 septembre 1809.

L'huissier qui ne trouve personne au domicile de la partie à laquelle il veut signifier un acte, est tenu, à peine de nullité, d'indiquer dans l'exploit la maison et le nom du voisin auquel il remet ou offre de remettre la copie (*arrêt de la cour de Bruxelles du* 28 *juin* 1810); et lorsqu'il remet la copie de l'exploit à ce voisin, il est nécessaire, à peine de nullité, qu'il énonce expressément n'avoir trouvé au domicile de la partie, ni cette partie elle-même, ni aucuns de ses parents, domestiques ou serviteurs. (*Arrêt de la cour suprême du 25 mars* 1812.) De même, l'huissier qui, en cas d'absence de la partie et des personnes de la maison, remet copie de son exploit au maire de la commune, doit, à peine de nullité, énoncer s'il a requis un voisin de la recevoir, et si celui-ci l'a refusée. (*Arrêt de la cour de Rouen du* 1er *août* 1810.)

L'exploit ou la citation donnée à un maire, *en sa qualité*, doit, en cas d'absence du maire, être visée par le juge de paix du canton, et non par l'adjoint du maire. Jugé deux fois affirmativement par la cour de cassation, par arrêts des 10 juin 1812 et 22 novembre 1813.

« Tout huissier qui ne remettra pas lui-même, à personne ou domicile, l'exploit et les copies de pièces qu'il aura été chargé de signifier, sera condamné par voie de police correctionnelle, à une suspension de trois mois, à une amende qui ne pourra être moindre de 200 francs, ni excéder 2,000 francs, et aux dommages-intérêts des parties. Si néanmoins il résulte de l'instruction qu'il a agi frauduleusement, il sera poursuivi criminellement, et puni d'après l'article 146 du code pénal. » (*Texte de l'article 45 du décret du 14 juin* 1813.)

Passons maintenant à des nullités relatives à d'autres actes que des exploits, et qui peuvent aussi concerner les juges de paix. On sait qu'à l'égard des citations à témoins, le code de procédure est muet dans le titre particulier qu'il a consacré aux justices de paix; c'est une lacune qu'il est indispensable de remplir par les dispositions analogues établies pour les tribunaux ordinaires. « Les témoins sont assignés à personne ou domicile; ceux domiciliés dans l'étendue de trois myriamètres du lieu où se fait l'enquête, le sont un jour au moins avant l'audition. Il sera ajouté un jour par trois myriamètres, pour ceux domiciliés à une plus grande distance, etc.; le tout *à peine de nullité* des dépositions des témoins envers lesquels les formalités ci-dessus n'auraient pas été remplies. » (*Article* 260., *Code de procédure civile.*) Cet article me paraît puisé, partie dans le premier paragraphe de l'article 7 du titre 22 de l'ordonnance de 1667, et partie dans l'article 2 du même titre, qui voulait que, s'il y avait une plus grande distance de dix lieues, le délai fût augmenté d'un jour par dix autres lieues.

« Dans les affaires qui ne sont pas en état, toutes procédures faites postérieurement à la notification de la mort de l'une des parties, seront nulles. » (*Article* 344, *Code de procédure.*) Disposition imitée de l'article 2 du titre 26 de l'ordonnance de 1667.

Lorsque le décès d'une partie représentée en justice de paix par un mandataire spécial, est notifié à la partie poursuivante, la cause n'étant pas en état de recevoir réglement, doit rester *in statu quo*, jusqu'à la reprise d'instance, ou jusqu'à ce que l'autre partie appelle le conjoint survivant ou les héritiers en reprise; mais si le décès n'est pas notifié, et que le mandataire continue à représenter le décédé par l'ignorance de sa mort, la procédure me paraît valable. C'est ce que disait implicitement l'article 3 du titre 26 de l'ordonnance de 1667.

Le changement d'état de l'une des parties ne peut empêcher la continuation des poursuites. (*Article 345 du Code de procédure.*) Cependant si la partie elle-même notifie ou déclare à l'audience son changement d'état, il y a lieu d'assigner en reprise.

« Toutes oppositions à scellés contiendront, *à peine de nullité*, outre les formalités communes à tous exploits, 1° élection de domicile dans la commune ou dans l'arrondissement de la justice de paix où le scellé est apposé, si l'opposant n'y demeure pas; 2° l'énonciation précise de la cause de l'opposition. » (*Article 927, Code de procédure.*) Il n'est pas besoin de dire que la loi n'entend parler ici que des oppositions à scellés, qui se font par ministère d'huissier, après que le procès verbal de scellés est clos; car, à l'égard de celles qui se font par une simple comparution des parties et sur le procès verbal même, elles ne sont point assujetties aux formes communes à tous exploits. Il suffit d'y énoncer les prénoms, nom, qualités et demeure de l'opposant; son titre, s'il y en a, les causes de son opposition, sa signature, ou sa déclaration qu'il ne sait signer. Cependant l'élection de domicile est indispensable; autrement, on pourrait passer outre sans égard pour l'opposition.

Il est aussi différentes nullités dans les matières

de police, qui se rapprochent beaucoup de celles des actions civiles. Les textes de la loi suffiront pour les faire connaître.

Première nullité. « La citation ne pourra être donnée à un délai moindre que 24 heures, outre un jour par trois myriamètres, *à peine de nullité* tant de la citation que du jugement qui serait rendu par défaut. Néanmoins cette nullité ne pourra être proposée qu'à la première audience, avant toutes exceptions et défenses, etc. » (*Article* 146, *Code d'instruction criminelle.*)

Deuxième nullité. « L'instruction de chaque affaire sera publique, à peine de nullité, etc. » (*Article* 153, *même Code.*)

Troisième nullité. « Les contraventions seront prouvées, soit par procès verbaux ou rapports, soit par témoins à défaut de rapports et de procès verbaux, ou à leur appui. — Nul ne sera admis, *à peine de nullité,* à faire preuve par témoins, outre ou contre le contenu aux procès verbaux ou rapports des officiers de police ayant reçu de la loi le pouvoir de constater les délits ou les contraventions jusqu'à inscription de faux. » (*Art.* 154, *même Code.*)

Quatrième nullité. « Les témoins feront à l'audience, sous peine de nullité, le serment de dire toute la vérité, rien que la vérité ; et le greffier en tiendra note, ainsi que de leurs noms, prénoms, âge, profession et demeure, et de leurs principales déclarations. » (*Article* 155, *même Code.*)

Cinquième nullité. « Si le fait ne présente ni

délit ni contravention de police, le tribunal annullera la citation et tout ce qui aura suivi, et statuera par le même jugement sur les demandes en dommages-intérêts. » (*Article* 159, *Code d'instruction criminelle.*)

Sixième et dernière nullité. « Tout jugement définitif de condamnation sera motivé, et les termes de la loi appliquée y seront insérés, à peine de nullité. » (*Article* 163, *ibidem.*) On voit que ce sont les propres expressions de la loi qu'il faut transcrire et non son esprit, ou un abrégé.

Je termine ici ce tableau des principales nullités ordinaires qui peuvent, dans différentes matières, être faites ou jugées dans les tribunaux de paix ; je dis ordinaires, car il en est d'une autre nature, qui seront le sujet de l'article suivant.

NULLITÉS SUBSTANTIELLES OU DE DROIT. Elles ne sont pas toutes jugées par les tribunaux de paix, parce qu'elles dérivent, pour la plupart, des actes faits dans des matières qui ne sont pas de leur compétence. De telles nullités s'opéraient *ipso jure*, chez les Romains (*Leg.* 7, *ff. De dolo malo*); mais parmi nous, il faut un jugement pour qu'elles produisent les effets de mort qui y sont attachés.

Il est nécessaire que les juges de paix se pénètrent des causes qui produisent de telles nullités, afin qu'ils évitent avec soin d'en vicier leurs actes et jugements, qui, par de tels vices, pourraient rester sans exécution, et devenir onéreux aux parties, et même frustratoires : *quod ipso jure nullum est, nullos juris effectus potest parere.*

On compte six espèces de nullités substantielles : 1° celles qui proviennent d'un défaut de formalités essentielles à la nature de l'acte, ou qui en forment le caractère et même l'existence (1).

Un arrêt de la cour de cassation, du 10 avril 1807, rendu entre la régie des droits réunis et Pichard, a décidé que les nullités de forme des procès verbaux des employés de cette régie, sont des nullités de droit et non des nullités ordinaires de procédure; elles portent directement sur le procès verbal lui-même et le vicient dans son essence. Un autre arrêt de la même cour, du 2 novembre 1807, a jugé qu'un acte non revêtu de la signature du notaire, est nul radicalement, et qu'il n'a pas même reçu l'existence. (Sirey, *tome* 8, 1re *partie, page* 33.)

La seconde espèce est celle qui résulte du défaut de pouvoir, de mandat ou d'attribution (2).

Les juges de paix sont compétents pour prononcer sur cette sorte de nullité de droit, lorsqu'elle résulte d'actes de procédure faits devant eux, ou de promesses, billets, polices, ou autres engagements soumis à leur compétence. Ils peuvent annuler de tels actes, malgré le silence de la loi, parce que le plus grand vice d'un acte est celui qui provient du défaut de pouvoir de son auteur. *Non est major defectus quàm defectus potestatis.*

(1) *Ex defectu formæ constituentis aut informantis.*

(2) *Ex defectu potestatis aut mandati.*

Ce principe, admis depuis des siècles, a été respecté par arrêt de la cour de Rennes du 24 octobre 1815, et par autre arrêt de la cour de cassation du 24 novembre 1817.

Un acte sous seing privé, fait au nom de plusieurs parties contractantes, qui n'est pas revêtu de la signature de toutes les parties, est nul, même à l'égard de celles qui ont signé. (*Arrêt de la cour de Bruxelles du* 20 *mai* 1807.)

Un avoué ou autre officier ministériel n'a pas qualité pour recevoir le paiement des créances dont il est chargé de poursuivre le recouvrement. (*Arrêt de la cour de cassation du* 18 *avril* 1806.)

Troisième espèce. La nullité qui provient d'un défaut de volonté ou d'habilité dans la personne qui agit ou fait agir (1).

Une quittance apposée par un aveugle sur un acte sous seing privé, écrit de main étrangère, est nul pour incapacité. (*Arrêt de la cour de Pau du* 8 *Août* 1808.)

Les particuliers ne peuvent déroger aux textes des lois; toutes conventions semblables sont nulles. (*Arrêt de la cour de cassation*, 20 *juillet* 1810.)

Quatrième espèce. Les nullités produites par l'omission de formalités prescrites, et portant concession de pouvoir ou de capacité (2); tellement que l'un ou l'autre ne doivent s'accomplir que dans la forme ordonnée par la loi.

(1) *Ex defectu voluntatis aut habilitatis.*

(2) *Ex defectu formæ connexæ potestati, aut habilitati.*

Cinquième espèce. Les défauts de causes, ou les causes fausses, ou les causes vagues ou incertaines, ou les causes illicites ou impossibles (1), sont encore des nullités substantielles. Un legs fait à une personne incertaine et laissé à la volonté d'un tiers, est nul. (*Arrêt du* 12 *août* 1811, *cour de cassation.*)

Un dédit de mariage sous peine d'indemnité ou de dommages-intérêts est nul, comme contraire aux bonnes mœurs et à la liberté des mariages. (*Arrêt de la même cour, du* 21 *décembre* 1814).

Des billets, promesses, reconnaissances, obligations faites sans cause, ou sur causes fausses et illicites, sont nuls de droit. Il existe un grand nombre d'arrêts qui l'ont jugé affirmativement. *V.* les pages 393 et suiv. du Code civil annoté.

Sixième espèce. Enfin les nullités provenant de défaut de formes indispensables pour acquérir un droit nouveau, ou pour conserver celui qui est déjà acquis, ou pour arrêter des dommages particuliers ou publics (2).

Un jugement de police simple prononcé en l'absence ou sans les conclusions du commissaire de police, est nul pour omissions de formes nécessaires et naturelles. (*Arrêt de la cour de cassation, du* 3 *mars* 1814).

Une partie qui assiste à la rédaction d'un procès verbal dressé contre elle, doit, à peine de

(1) *Ex defectu materiæ.* (*Art.* 1131, *Code civil.*)

(2) *Ex defectu formæ connexæ juri.*

nullité absolue, en recevoir copie aussitôt la clôture. (*Arrêt de la même cour, du* 9 *mai* 1807.)

L'emprisonnement d'un débiteur est nul, s'il est fait une seule minute après le coucher du soleil. C'est du moins ce que la cour de Colmar a jugé le 16 thermidor an 12.

O.

OBSERVATION DES FÊTES ET DIMANCHES. *V.* Fêtes et Dimanches.

OCTROI. C'est un droit qui se perçoit sur les denrées et comestibles, à leur introduction dans les villes et dans plusieurs bourgs principaux. Ce droit, supprimé pendant la révolution, a été rétabli le 2 vendémiaire an 8, confirmé et étendu par plusieurs lois postérieures.

Celle du 7 frimaire même année, porte « que les contestations qui pourront s'élever sur l'application du tarif, ou sur la quotité des droits exigés par les receveurs d'octroi, seront portées devant le juge de paix dans l'arrondissement duquel siége la municipalité, à quelque somme que le droit contesté puisse s'élever, pour être par lui jugées sommairement et sans frais, soit en dernier ressort, soit à charge d'appel, suivant la quotité du droit réclamé. »

Cette disposition établissait donc seul compétent pour connaître de toutes contestations sur le paiement de l'octroi, le juge de paix sur le territoire duquel était l'hôtel de la mairie. Mais cette compétence exclusive, dont on conçoit peu les motifs, n'existe plus.

En 1811, un décret attribua à l'autorité administrative le jugement des contestations sur les contributions indirectes; alors cette autorité, dans plusieurs endroits, réunit le contentieux des octrois dans ses attributions. Plusieurs réclamations furent élevées par des juges de paix, qui soutenaient que les contraventions en matière d'octroi étaient de la compétence des tribunaux de police, et ne pouvaient jamais être comprises dans l'article 95 du décret du 15 avril 1811, concernant les attributions administratives. C'est ce qui fut décidé ainsi par autre décret du 22 décembre 1812, ainsi conçu :

« Nonobstant les dispositions de l'article 95 du décret du 15 avril 1811, qui attribue à l'autorité administrative les contestations en matière de contributions indirectes, lesdites contestations seront portées devant les tribunaux pour ce qui concerne les forêts, *les octrois* et les droits sur les consommations, conformément aux lois des 29 septembre 1791 et 2 vendémiaire an 8, et de l'article 88 de la loi du 5 ventose an 12. »

Deux années après, la compétence des juges de paix fut confirmée en matière d'octroi, par une ordonnance de sa majesté du 9 décembre 1814. Je dois en donner le texte, du moins de plusieurs articles, parce qu'ils forment les règles actuelles qui sont suivies pour le contentieux de l'octroi.

Art. 78. « L'action résultante des procès verbaux en matière d'octroi, et les questions qui pourront naître de la défense du prévenu, seront de la compétence exclusive, soit du tribunal de simple police, soit du tribunal correctionnel du lieu de la rédaction du procès verbal, suivant la quotité de l'amende encourue. »

On voit que cette première disposition fait des changements considérables à la première législation sur le contentieux des octrois. D'abord c'était le juge de paix du lieu où siégeait la municipalité, qui seul connaissait de ce contentieux, tandis que maintenant, c'est le juge du lieu de la rédaction du procès verbal ; ce qui est conforme au droit commun, d'après lequel tout juge du lieu d'un délit doit en connaître. D'un autre côté, on voit que ce n'est plus le juge de paix, comme juge civil, qui décide en matière d'octroi ; mais que c'est au contraire comme juge de police qu'il en connaît. Cela est encore plus conforme à l'ordre, parce que toutes les fois qu'une amende est encourue, il y a nécessairement délit ou contravention ; et ce n'est pas le juge civil qui réprime l'un ou l'autre.

Ainsi, la compétence des juges se règle par la quotité de l'amende. Si elle n'excède pas 15 francs, c'est le tribunal de police qui connaît de la contravention, parce que le *maximum* des amendes que ce tribunal peut prononcer est établi à 15 fr. ; mais si l'amende excède cette somme, c'est au tribunal correctionnel qu'il appartient d'en décider.

On demandera sans doute comment ces amendes sont fixées : elles se graduent suivant les droits exigibles, et souvent elles en doublent la valeur.

« Tout porteur, ou conducteur d'objets de consommation compris dans le tarif, sera tenu d'en faire la déclaration au bureau de la recette et d'en acquitter les droits avant de pouvoir les faire entrer dans la commune de Paris. Toute contravention à cet égard sera punie d'une amende *du double droit.* » (*Article* 10 *de la loi du* 27 *vendémiaire an* 7.)

Cette loi, quoique spéciale pour la ville de Paris, est devenue le type et la base d'un grand nombre de lois qui ont introduit les octrois dans les départements. D'ailleurs, celle du 2 vendémiaire an 8, dont les dispositions sont générales, a répété les dispositions que je viens de rapporter. « Toute contravention, dit cette loi au présent article (il énonce les droits d'octroi), sera punie d'une amende *du double droit.* Elle sera prononcée par les tribunaux de simple police ou de police correctionnelle, suivant la quotité de la somme. »

Cependant, une autre loi du 27 frimaire de la même année, particulière à plusieurs villes, n'établit pour les contraventions en matière d'octroi qu'une amende égale à *la valeur de l'objet soumis au droit*; ce qui double pour ces localités la compétence des juges de paix. Ainsi ces magistrats ont à distinguer, suivant les lieux où ils sont établis, s'il y a doublement du droit ou non, dans les amendes qu'ils peuvent infliger relativement aux octrois.

Art. 81. « S'il s'élève une contestation sur l'application du tarif, ou sur la quotité du droit réclamé, le porteur ou conducteur sera tenu de consigner, avant tout, le droit exigé entre les mains du receveur ; faute de quoi il ne pourra passer outre, ni introduire dans le lieu sujet l'objet qui aura donné lieu à la contestation, sauf à lui à se pourvoir devant le juge de paix. Il ne pourra y être entendu qu'en représentant la quittance de ladite consignation au juge de paix, lequel prononcera, sommairement et sans frais, soit en dernier ressort, soit à charge d'appel, suivant la quotité du droit réclamé. »

Cette marche est fort simple ; elle fait cesser plusieurs inconvénients qui s'étaient présentés auparavant sur l'introduction ou la non-introduction des objets pour lesquels les droits étaient contestés. Mais de ce que la loi dit que le juge prononcera sommairement et sans frais, doit-on conclure qu'il peut décider sans appeler le receveur qui a fait la perception contestée, ou du moins sans le faire citer ? Je pense que, dès que ces matières sont assimilées aux contraventions, dès qu'elles sont portées devant le juge de police, il faut suivre les formes de procéder que le code d'instruction criminelle a prescrites pour les tribunaux de police ; or, si un receveur contre lequel on porterait plainte, refusait d'obéir à un simple avertissement du juge, il serait indispensable de le citer pour qu'il fût valablement jugé.

Art. 82. « Dans le cas où les objets saisis seraient sujets à dépérissement, la vente pourra en être autorisée, avant l'échéance des délais ci-dessus fixés, par une simple ordonnance du juge de paix. »

Pour obtenir cette ordonnance, il suffit de présenter une requête au juge, qui, sur le vu du procès verbal joint à ladite requête, et sans appeler le délinquant, ordonne provisoirement la vente des choses saisies. Il faut observer à cet égard qu'un préposé de l'octroi peut seul (1) dresser procès verbal, par une exception à la règle générale, qui exige de tous autres employés qu'ils soient au nombre de deux pour verbaliser.

Lorsqu'un particulier, saisi par un préposé de l'octroi, soutient *quil n'est pas assujetti au droit,* le juge de paix est-il compétent pour en décider? Cette question a été jugée affirmativement par les juges de paix de Couvin et de Rocroi, en 1808. Sur l'appel de ces deux jugements, la cour de Metz se déclara incompétente, et renvoya les parties devant le conseil d'état, par le motif qu'elle ne pouvait prononcer s'il appartenait à l'autorité administrative, plutôt qu'aux tribunaux, de statuer, lorsqu'on soutient n'être pas assujetti aux droits d'octroi.

Mais cet arrêt fut cassé par un décret du 10 août 1809, attendu que, d'après l'article 13 de la loi du 27 frimaire an 8, les juges de paix étaient compétents pour décider toutes contestations qui pourraient s'élever *sur l'application du tarif*, ou sur la quotité des droits exigés par les receveurs. En conséquence, les parties furent renvoyées

(1) *Article 75 de l'Ordonnance du 9 décembre* 1816.

devant le tribunal de première instance, pour procéder sur l'appel, quant au fond.

Les préposés des octrois sont installés par les juges de paix, par la réception du serment qu'ils prêtent devant ces magistrats, avant de pouvoir exercer aucune fonction. Ils affir ment encore leurs procès verbaux devant ces mêmes juges, de la même manière et dans les mêmes délais prescrits pour les employés des impôts indirects.

Les nullités des procès verbaux en matière de droits réunis ne sont pas des nullités simples, mais bien substantielles, puisqu'elles portent sur l'acte lui-même et le font annuler. (*Arrêt de la cour de cassation du* 10 *avril* 1807.)

OFFICIER DE L'ÉTAT CIVIL. Il doit prévenir sans délai le juge de paix, des décès de ceux qui laissent ou un conjoint absent, ou des enfants et héritiers mineurs, ou enfin des héritiers absents. A défaut de le faire, ils sont responsables des dommages - intérêts des parties lésées, ainsi que cela a été jugé plus d'une fois. *V.* DÉCLARATIONS DES MAIRES ET ADJOINTS.

Le juge de paix a le caractère d'officier civil quand il reçoit la reconnaissance d'un enfant naturel, par la déclaration faite devant lui par le père ou la mère. C'est ce qui a été jugé par arrêt de la cour de Grenoble, du 14 ventose an 12. *Voyez*-le *dans le Journal de la cour de cassation, tome* 1er, *page* 321.

Le juge de paix a aussi le caractère d'officier de l'état civil, lorsqu'il reçoit, aux termes de l'article 353 du code civil, un acte d'adoption. *V.* Adoption.

OFFICIER DE POLICE JUDICIAIRE. Les juges de paix, les officiers de gendarmerie, les maires, adjoints et commissaires de police, même les préfets, sont tous officiers de police judiciaire, et, dans cette qualité, on peut les appeler justement les surveillants du crime. (*Code d'instruc. crimin., art.* 48 *et* 50.) La loi leur confère des fonctions importantes dans plusieurs circonstances; j'en traiterai *verbo* Police judiciaire. *Voyez*-le.

OFFRES LIBÉRATOIRES. Il en est de plusieurs sortes, mais mon objet n'est pas d'en traiter en général. Celles qui se font ou peuvent se faire extrajudiciairement avant toute action commencée, sont absolument des actes particuliers aux officiers ministériels, pour lesquels on trouve des dispositions et des règles dans les art. 1257 jusqu'à 1264 du code civil; mais celles qui ont lieu aux audiences des juges de paix, sur une demande formée, doivent recevoir ici des détails convenables.

Pour rendre de telles offres libératoires, elles doivent être suffisantes, réalisées et suivies de consignation. Ainsi, lorsqu'une partie reconnaît devoir la somme demandée, ou seulement une partie dont elle offre le paiement, elle doit alors exhiber et réaliser sur la table du greffier, les espèces qui composent la somme offerte.

Ces offres ne peuvent se faire qu'au créancier

lui-même, s'il est présent et s'il a capacité de recevoir; sinon, à une personne présente chargée de sa procuration. On ne pourrait donc les faire devant le juge si le demandeur ne comparaissait pas ; on devrait alors offrir à personne ou domicile.

Si la somme offerte au demandeur présent, est reconnue suffisante pour le principal, intérêts et frais, le juge de paix, en statuant au fond, déclare les offres bonnes et valables, permet de les consigner en cas de refus de les recevoir. Si, au contraire, les offres faites à l'audience sont reconnues insuffisantes par le juge, ou si même elles ne sont pas réalisées à découvert, il déclare lesdites offres nulles et irrégulières, et, sans s'y arrêter, condamne le débiteur à payer la somme qui lui paraît légitimement due, avec les intérêts et les dépens.

Mais si les offres sont valables et la consignation autorisée, elle doit être faite incessamment, dans le dépôt indiqué par la loi, aux jour et heure fixés par une sommation faite au créancier refusant, au moins un jour auparavant; ce qui peut et doit être augmenté suivant la distance des lieux. Lorsque le débiteur est dessaisi de la somme offerte, il est libéré, et les frais des formalités de la consignation sont à la charge du créancier, sauf à lui à retirer ou à faire retirer les sommes déposées.

La caisse d'amortissement a reçu temporairement les consignations ordonnées par jugement ou par décision administrative; elle avait établi à cet effet des préposés par-tout où il était besoin.

(*Loi du* 28 *nivose an* 13.) Mais ces consignations sont maintenant versées dans la caisse des dépôts et consignations. (*Article* 1er *de l'ordonnance du* 3 *juillet* 1816.)

« Seront, en conséquence, versés dans ladite caisse (1), les deniers offerts réellement, conformément aux articles 1257 et suivants du code civil, ceux, etc. » (*Article* 2, *même ordonnance.*)

« Défendons à nos cours, tribunaux et administrations quelconques, d'autoriser ou d'ordonner des consignations en autres caisses et dépôts publics ou particuliers ; même d'autoriser les débiteurs, tiers-saisis, à les conserver sous le nom de séquestre, ou autrement ; et au cas où de telles consignations auraient lieu, elles seront nulles et non libératoires. » (*Article* 3.)

« Tout officier ministériel qui aura fait des offres réelles extrajudiciairement ou judiciairement, sera tenu, si elles ne sont pas acceptées, d'en effectuer le versement dans 24 heures à la caisse des dépôts et consignations, à moins qu'il n'en ait été dispensé par ordre écrit de celui qui l'a chargé de faire lesdites offres. » (*Article* 5.)

« La caisse des consignations aura des préposés pour le service qui lui est confié, dans toutes les

(1) Depuis plusieurs siècles, il y a eu en France de semblables établissements. L'édit de 1578 créa le premier. Un autre édit de 1772 en confirma, renouvela et étendit les dispositions. Les lois de septembre 1791, et 23 septembre 1793, instituèrent aussi des dépôts publics pour les consignations.

villes du royaume où siége un tribunal de première instance, etc. » (*Article* 11.)

Il n'est pas nécessaire, à peine de nullité, que la consignation soit autorisée par le juge pour la validité des offres; il suffit, 1° que la consignation soit précédée de la sommation dont j'ai ci-devant parlé; 2° que le débiteur se soit dessaisi de la somme offerte par le dépôt à la caisse des consignations, avec les intérêts, s'il y en a, jusqu'au jour du dépôt; 3° qu'il y ait procès verbal de la consignation par un officier ministériel; 4° que la notification de ce procès verbal soit faite au créancier refusant, avec sommation de retirer la somme. (*Article* 1259, *Code civil.*)

Les frais des offres réelles et de la consignation sont à la charge du créancier si elles sont valables. (*Article* 1260, *ibidem.*)

Les juges de paix peuvent encore connaître des offres faites ou consignées extrajudiciairement avant toute action (1), lorsque la valeur n'en excède pas 100 francs, et que les causes sont de nature pures personnelles et mobilières. La loi le dit textuellement. « La demande qui pourra être intentée, soit en validité, soit en nullité des

(1) « Lorsque le créancier refuse de recevoir son paiement, le débiteur peut lui faire des offres réelles; et au refus du créancier de les accepter, consigner la chose ou la somme offerte. Les offres réelles, suivies d'une consignation, libèrent le débiteur; elles tiennent lieu à son égard de paiement, lorsqu'elles sont valablement faites, et la chose, ainsi consignée, demeure aux risques du créancier. » (*Art.* 1257, *Code civil.*)

offres ou de la consignation sera, formée *d'après les règles établies pour les demandes principales.»* (*Article* 815, *Code de procédure.*)

Je termine cet article par différents points de jurisprudence des cours, qui obtiennent ici une juste application.

Les offres réelles avant consignation ne sont nécessaires qu'à l'égard du créancier direct qui peut recevoir et libérer..... Lorsque le débiteur, autorisé à consigner, assigne le créancier à se trouver au lieu où doit se faire la consignation, il n'est pas nécessaire, *à peine de nullité*, que l'assignation soit donnée dans le délai fixé pour les ajournements, ni que le récépissé du receveur soit notifié au créancier. (*Arrêt de la cour de cassation du* 24 *juin* 1812.)

Lorsque, pour empêcher l'effet d'une opposition, le débiteur fait des offres réelles, c'est le tribunal devant lequel se plaide le mérite de l'opposition qui doit connaître de la validité des offres; car cette validité est alors un incident naturel à la cause. (*Arrêt de la cour de Paris du* 9 *floréal an* 11.)

Les juges peuvent dispenser le débiteur qui a consigné, de payer les intérêts jusqu'au jour de la consignation, si elle a été retardée par le fait du créancier. (*Arrêt de la cour de cassation du* 27 *floréal an* 10, *confirmatif d'un autre arrêt de la cour de Paris.*)

Le débiteur qui a fait des offres ne peut seul et sans l'assistance d'un officier ministériel, faire une consignation régulière, parce qu'il en doit être dressé procès verbal. Jugé ainsi par la cour de Nîmes, le 22 août 1809.

Un jugement par défaut et en dernier ressort peut-il être exécuté par la voie de consignation, avant que le délai accordé par la loi pour former opposition soit expiré? La cour de cassation l'a jugé affirmativement par arrêt du 10 floréal an 10.

OPPOSANTS A LA LEVÉE DES SCELLÉS. Ils ne peuvent assister individuellement qu'à la première vacation de la levée du scellé; mais ils sont tenus, dès la seconde, de se faire représenter par un seul mandataire. Cela est réglé d'office par le juge de paix, si les opposants ne sont pas d'accord sur le choix d'un mandataire unique, et s'il n'y a pas d'avoué comparant. Dans cette circonstance, le juge de paix préside à l'ordre qui doit exister, parce qu'il dépend de la levée du scellé, et parce qu'il s'établit sur son procès verbal. Pour ne pas me répéter sur ce point, je renvoie le lecteur à l'article LEVÉE DE SCELLÉS.

OPPOSITION A LA LEVÉE DE SCELLÉS. C'est un acte conservatoire qui peut être fait par des créanciers de la personne décédée, sur les meubles de laquelle les scellés sont apposés, afin que leurs droits soient conservés dans la succession. Cet acte peut être aussi formé par le conjoint survivant, par les légataires universels ou à titre universel, par les exécuteurs testamentaires, ou même par les légataires particuliers quand il n'y a pas d'exécuteurs testamentaires nommés par les décédés. Enfin, cette opposition peut être formée par tous ceux qui prétendent droit aux successions sur le mobilier desquelles le scellé est apposé.

Il n'est pas nécessaire d'être porteur d'un titre authentique, ni même chirographaire, pour former une telle opposition, il suffit de pouvoir en justifier les causes en temps et lieu, c'est-à-dire, lorsqu'elles sont contestées devant juges compétents. « Lorsque le scellé a été apposé, tous créanciers peuvent y former opposition, encore qu'ils n'aient ni titre exécutoire, ni permission du juge. » (*Article* 821, *Code civil.*)

L'opposition à la levée des scellés se fait par le procès verbal d'apposition, lorsqu'il n'est pas encore clos, ou par acte extrajudiciaire du premier huissier requis, qui le signifie au greffier du juge de paix (1).

Quoique l'opposant déclare dans cet acte qu'il s'oppose à la levée des scellés, cela n'empêche cependant pas que le juge de paix, sur la réquisition de toute partie intéressée, ne puisse ordon-

(1) « Toute opposition à scellé contiendra, à peine de nullité, outre les formalités communes à tout exploit, 1° élection de domicile dans la commune ou dans l'arrondissement de la justice de paix où le scellé est apposé, si l'opposant n'y demeure pas; 2° l'énonciation précise de la cause de l'opposition. » (*Art.* 927 *du Code de procéd.*)

Cet article est imité de Pothier, *Traité de la procédure civile*, *partie* 5, *chap.* 5, §6, et de *l'art.* 1er *du titre* 33 *de l'ordonnance de* 1667.

ner cette levée, mais à la charge qu'il sera fait sommation à l'opposant d'y assister, si bon lui semble, suivant qu'il est prescrit par l'article 931 du code de procédure; autrement, le juge s'exposerait à des dommages-intérêts envers l'opposant qui n'aurait pas été appelé à la levée des scellés, si ses droits s'en trouvaient compromis. *V.* Levée de scellés.

OPPOSITION A FIN DE SAISIE. *V.* Saisie-arrêt.

OPPOSITIONS AUX JUGEMENTS PAR DÉFAUT. Une partie qui s'est laissé juger par défaut, et qui prétend éprouver un préjudice du jugement, peut y former opposition par un simple acte d'huissier, par lequel cette partie déclare s'opposer à l'exécution du jugement par défaut, demande qu'il soit rapporté pour n'avoir aucun effet, ou seulement réformé dans une partie, par le juge même qui l'a prononcé, attendu qu'on lui a surpris des condamnations injustes, ou erronées, ou irrégulières. Cette opposition est non-seulement suspensive des effets du jugement, mais encore elle remet en question ce qui a été jugé. Elle doit contenir les nom, prénoms, qualités et demeure de la partie opposante; ceux de la partie qui a obtenu le jugement et à laquelle elle se signifie; l'immatricule de l'huissier, qui doit être celui du juge de paix; la nullité ou les moyens que l'on oppose, et tous autres sur lesquels l'opposition est fondée; enfin, tout ce qui est prescrit pour la validité des citations.

« La partie condamnée par défaut pourra former opposition dans les trois jours de la signification faite par l'huissier du juge de paix, ou autre qu'il aura commis. L'opposition contiendra sommairement les moyens de la partie et assignation au premier jour d'audience, en observant toutefois les délais prescrits pour les citations; elle indiquera les jour et heure de la comparution, et sera notifiée ainsi qu'il est dit ci-dessus. »

Tel est le texte de l'article 20 du code de procédure. — On voit que sa première partie répète l'article 3 du titre 3 de la loi du 16 octobre 1790. La partie condamnée par défaut ne doit pas laisser écouler trois jours francs après la notification du jugement pour y former opposition; autrement, elle n'y serait plus recevable, ce délai étant de rigueur. Je dis trois jours francs, parce qu'ils en emportent cinq, celui de la notification et de l'échéance n'étant pas comptés, suivant la règle, *dies termini non computantur in termino.*

Quant à la seconde partie de cet article 20, elle me paraît imitée de l'ordonnance de 1667, article 6 du titre 16.

Je viens de dire que le délai pour former opposition est de trois jours. Cela souffre cependant plusieurs exceptions, qu'il est nécessaire de rapporter ici. 1° « Si le juge de paix sait par lui-même, ou par les représentations qui lui seraient faites à l'audience par les proches voisins ou amis du défendeur, que celui-ci n'a pu être instruit de la procédure, il pourra, en adjugeant le défaut, fixer pour le délai de l'opposition le temps qui lui paraîtra convenable; et, dans le cas où la prorogation n'aurait été ni accordée d'office, ni demandée, le défaillant pourra être relevé de la rigueur du délai, et admis à opposition, en justifiant qu'à raison d'absence ou de maladie grave, il n'a pu être instruit de la procédure. » (*Article 21 du Code de procédure.*)

C'est ici l'ancienne jurisprudence des justices de paix, que la loi confirme.

2° Si un demandeur avait négligé ou omis de contester une opposition tardivement faite par la partie condamnée par défaut, et si son opposition avait été déclarée valable, le demandeur ne pourrait ensuite être admis à proposer l'exception de nullité résultante de la tardive opposition, parce qu'il aurait couvert ce vice en défendant au fond de la cause. C'est ce qui a été jugé affirmativement par arrêt de la cour de cassation, du 21 nivose an 9. *V.* Sirey, *vol. antér., pag.*, 390.

3° Si la signification d'un jugement par défaut était faite par un autre huissier que celui du juge de paix, le délai pour y former opposition durerait tant que le vice de la signification ne serait pas réparé, parce que la loi ne reconnaît de qualité pour faire ces significations qu'aux huissiers des juges de paix exclusivement : *Non est major defectus quàm defectus potestatis.* Il a même été rendu un arrêt conforme à ce principe par la cour de cassation, rapporté dans le dictionnaire des arrêts; mais la date manque.

4° Dans les causes jugées par défaut par les tribunaux de première instance, les jugements sont susceptibles d'opposition jusqu'à leur exécution. (*Article* 158, *Code de procédure.*) Mais cette faculté ne peut être appliquée dans les justices de paix. Cela résulte même des termes de l'article cité, qui ne s'applique qu'au seul cas où la partie condamnée n'a pas d'avoué; cela résulte encore de la règle contraire, établie par l'article 21 du même code pour les justices de paix seules.

5° La cour de cassation a jugé, par arrêt du 21 nivose an 9, que le délai pour former opposition à un jugement d'un tribunal civil d'arrondissement, n'était pas franc, c'est-à-dire, que la règle *dies termini non computantur in termino*, n'était pas applicable à la circonstance. Je crois cependant qu'une telle décision doit être renfermée dans les bornes qu'elle a prescrites elle-même, au lieu de s'étendre aux justices de paix. On observera d'ailleurs, que cet arrêt est antérieur au code de procédure, et qu'il est en opposition manifeste avec l'article 158 dont nous venons de parler. Aussi la cour de Nîmes a décidé le contraire, par arrêt du 22 décembre 1807, par conséquent depuis le code.

Quant aux suites de l'opposition, elles sont fort simples. On plaide devant le juge de paix qui a prononcé le jugement par défaut, sans autre acte que l'opposition elle-même. Si le juge admet les moyens sur lesquels elle est fondée, il rapporte son premier jugement pour n'avoir aucun effet, déclare le demandeur non recevable en sa demande, et le condamne aux dépens faits tant au principal que sur l'incident. Mais si au contraire il rejette les moyens de l'opposition, l'opposant en est débouté, condamné aux dépens, et le jugement par défaut reste définitif, pour avoir sa pleine et entière exécution.

Si l'opposant se laissait juger une seconde fois par défaut, une opposition nouvelle ne serait plus recevable C'est ainsi qu'en dispose l'article 22 du code de procédure, imité de l'article 4 du titre 3 de la loi d'octobre 1791. Autrefois, avant l'ordonnance de 1667, on recevait une seconde opposition, lorsque sur la première l'opposant s'était encore laissé juger par défaut, et ce n'était qu'au troisième jugement par défaut qu'il n'était plus permis de former opposition.

Il n'est pas nécessaire que cette opposition soit faite en vertu d'une commission spéciale donnée à l'huissier; elle peut l'être par un simple acte, pourvu qu'elle contienne citation. Jugé ainsi par *arrêt de la cour de cassation du 6 juillet* 1814.

Un jugement qui ordonne que les parties produiront leurs pièces devant le juge de paix, n'est pas susceptible d'opposition. Il en est de même d'un jugement qui est rendu sur la production d'une seule partie, faute par l'autre d'avoir produit dans le temps fixé. (*Article* 113, *Code de procédure.*)

Lorsqu'une cause a été jugée contradictoirement avec quelques parties, et par défaut contre d'autres, celles-ci peuvent se pourvoir par opposition; mais les autres ne peuvent revenir contre le jugement que par la voie de l'appel, lorsqu'elle peut avoir lieu; et, si le jugement est en dernier ressort, elles ne peuvent agir que par voie de requête civile ou de cassation, sans, qu'en aucun cas, l'opposition de leurs consorts puisse leur profiter. (*Arrêt du 2 juin 1806, cour de cassation.*) Denevers, *tom.* 4, *partie* 1re, *p.* 536.

Suivant l'ancienne jurisprudence, tout opposant devait, avant d'être reçu à plaider sur son opposition, refondre les frais préjudiciaux, c'est-à-dire, rembourser les dépens que sa non-comparution avait occasionés. Mais cette règle est abrogée par l'article 1041 du code de procédure; et c'est ainsi que cela a été jugé par la cour d'appel de Rome, le 17 janvier 1811, rapporté par Sirey, *tom.* 14, *partie* 2e, *p.* 200.

Les jours fériés ne sont pas compris dans le délai de l'opposition : donc, si le dernier jour du délai est un dimanche, l'opposition est valable le lendemain. (*Arrêt de la cour de Nancy, du 23 juillet* 1812.) Cependant la cour de Metz avait déjà jugé positivement le contraire, et son arrêt avait été confirmé par la cour de cassation, le 6 du même mois de juillet 1812.

Le délai de l'opposition n'est pas susceptible de l'augmentation d'un jour par trois myriamètres de distance, aux termes de l'article 1033 du code de procédure. Jugé affirmativement par la cour de Lyon, dont l'arrêt a été confirmé le 5 février 1811; mais jugé négativement par la cour de Rennes, le 16 mars 1807. J'estime qu'il faut suivre la décision de la cour suprême.

Ce délai pour former opposition aux jugements, est le même au civil que dans les matières correctionnelles et de simple police. (*Avis du conseil d'état du* 16 *février* 1806; *Arrêt conforme de la cour de cassation, du* 1er *avril* 1808.) *V.* Denevers, *tom.* 6, *part.* 2e, *p.* 108. Il en est de même dans les matières de commerce. (*Article* 643, *Code de commerce.*)

L'opposition doit, aux termes de l'article 20 du code de procédure, contenir les moyens de l'opposant; mais si elle n'est motivée que sur un article de la loi, est-elle nulle? Décidé pour l'affirmative par arrêt de la cour de Bruxelles, du 5 février 1811. Si cependant cet article de loi contenait ou présentait le moyen unique de l'opposant, que pouvait-il dire de plus?

Un jugement qui déboute de l'opposition, même par fin de non-recevoir, est-il réputé indépendant du jugement principal ou par défaut? Au contraire, se réunit-il avec lui d'une manière formelle? Il se confond tellement avec lui, que le premier jugement est regardé comme ayant décidé seul, et entièrement, la contestation. Ainsi, après un jugement contradictoire, qui ordonne qu'un jugement par défaut sortira son plein et entier effet, et rejette l'opposition formée contre lui, on peut appeler du jugement par défaut, quand même on n'appellerait pas du jugement portant débouté. (*Arrêt de la cour de cassation, rapporté par Denevers, tom.* 9, *part.* 1re, *p.* 414.)

P.

PARCOURS. *V.* CONTRAVENTIONS RÉGLÉES PAR DES LOIS PARTICULIÈRES.

PARI. *V.* JEU ET PARI.

PASSAGE DE BESTIAUX ET ANIMAUX SUR DES TERRAINS chargés d'une récolte, en quelque saison que ce soit, et encore dans les bois taillis. *V.* CONTRAVENTIONS DE 2me CLASSE, N° 10.

PASSAGE SUR DES TERRAINS chargés de blés en tuyau. *V.* CONTRAVENTIONS de 2me CLASSE, N° 9.

PASSAGE SUR DES TERRAINS PRÉPARÉS OU ENSEMENCÉS.

LE MÊME, PAR DES BESTIAUX, BÊTES DE TRAIT. *V.* CONTRAVENTIONS DE PREMIÈRE CLASSE.

PATENTES. Les commerçants, marchands, artisans, ouvriers, qui poursuivent le paiement de leurs fournitures et salaires devant les juges de paix, par des actions simplement mobilières ou personnelles, doivent faire mention dans leurs citations des dates, classes et numéros de leurs patentes. Les huissiers qui rédigent ces exploits doivent toujours exiger la représentation des patentes, afin de pouvoir faire la mention exigée par une ordonnance du 23 décembre 1814 (1); autrement, ils encourent une amende de 500 fr., solidairement avec les parties requérantes.

(1) Cette ordonnance n'a fait que rappeler l'exécution de la loi du 1er brumaire an 7.

Cette amende peut encore être encourue par les greffiers des juges de paix, lorsqu'ils omettent d'exprimer dans les jugements, les dates, classes et numéros des patentes de ceux qui y sont assujettis et qui ont été jugés sur des faits relatifs à leur commerce ou profession.

PENSION. *V.* Juges de paix.

PÉREMPTION. Ce mot vient du latin *peremptum*, qui exprime ce qui est péri. En droit, c'est l'anéantissement d'une procédure ou d'une action, pour n'avoir pas été poursuivie pendant un temps limité.

La jurisprudence actuelle offre deux sortes de péremptions : celle qui a lieu dans les justices de paix, celle qui est établie pour les tribunaux de première instance. Elles diffèrent essentiellement pour le temps requis pour les acquérir, puisque l'une ne peut avoir lieu qu'après trois ans d'une cessation absolue de procédure, tandis que l'autre s'opère par quatre mois de délai. Elles diffèrent encore par leurs effets, puisque celle des justices de paix s'opère, *ipso jure*, aussitôt l'expiration du délai fatal. Mais celle qui a lieu dans les tribunaux de première instance, doit être demandée et prononcée pour produire son effet. Elles différaient bien davantage par leurs caractères particuliers, sous l'empire de la loi d'octobre 1790; l'une anéantissait le fond de l'action sans retour, et l'autre ne produisait que l'extinction de la procédure. Voici le texte de la loi qui établit la péremption particulière aux justices de paix.

« Dans le cas où un interlocutoire aurait été ordonné, la cause sera jugée définitivement, au plus tard dans le délai de quatre mois du jour du jugement interlocutoire. Après ce délai, *l'instance sera périmée de droit*; le jugement qui serait rendu sur le fond, sera sujet à l'appel, même dans les matières dont le juge de paix connaît en dernier ressort, et sera annulé, sur la réquisition de la partie intéressée. — Si l'instance est périmée par la faute du juge, il sera passible des dommages-intérêts. » (*Art.* 15 *du Code de procédure civile.*)

Ces dispositions ont été puisées dans l'article 7 du titre 7 de la loi d'octobre 1790. On y remarque cependant trois différences sensibles : la première, que la péremption ne court plus que du jour du jugement interlocutoire, tandis qu'elle courait dès l'exploit introductif; la deuxième, que le juge de paix est passible des dommages-intérêts, et qu'il ne l'était pas lors de la première loi ; la troisième, qu'alors l'instance et l'action même étaient éteintes; mais qu'à présent c'est l'instance seule qui est anéantie. Le demandeur peut donc recommencer son action, si d'autres causes ne s'y opposent, notamment s'il s'agit d'action possessoire, et si l'an et jour du trouble ne sont pas expirés.

La péremption court contre toutes sortes de personnes, malgré la règle, *contra non valentem agere non currit præscriptio*. Cependant il faut en excepter le monarque, qui n'était point jadis assujetti à la péremption ; et je pense qu'il en doit être de même encore aujourd'hui. Si on désire connaître, avec ses détails, l'ancienne jurisprudence sur ce point, on peut voir l'ordonnance de 1539, article 20; celles de 1549 et de 1563, articles 15 et 20; enfin, le commentaire de de Ferrières sur la coutume de Paris.

Il est trois exceptions remarquables établies par la nouvelle jurisprudence en matière de péremption. Toutes sont applicables aux justices de paix et consacrées par des décisions de la cour suprême.

Première exception. La péremption n'est point applicable à une action pour laquelle le juge était incompétent, et la raison en est simple; c'est que tout acte fait sans caractère compétent est absolument comme non avenu. Dès-lors un interlocutoire incompétemment rendu est impuissant pour faire courir le délai fatal de la péremption. C'est ce qui a été résolu affirmativement par arrêt de la cour de cassation du 24 frimaire an 9.

Deuxième exception. La partie qui a empêché que le juge de paix ne prononçât sur le fond de la contestation dans les délais de quatre mois, soit à défaut de faire ses diligences pour poursuivre l'exécution du jugement, soit autrement, n'est plus recevable à proposer la péremption. Ainsi jugé par autre arrêt de la même cour du 4 février 1807.

Troisième exception. En matière de douanes, la péremption est acquise si le juge de paix n'a pas prononcé son jugement au jour indiqué pour la comparution, ou dans les trois jours suivants. C'est le dispositif d'un autre arrêt de la cour de cassation du 3 prairial an 11.

Pour faire courir le délai de la péremption, il faut que l'interlocutoire soit rendu sur le fond de la contestation, et non sur un simple incident qui aurait eu lieu dans l'instruction de la cause. Ainsi jugé par arrêt du 31 août 1813, rendu par la cour de cassation, et rapporté par Denevers.

Si une cause a déjà existé plus de quatre mois devant le juge de paix, l'instance est-elle périmée sans que le juge puisse étendre ou proroger ce délai, malgré qu'il aurait été apporté des retards à l'instruction et au jugement de la cause par la partie demanderesse en péremption? L'affirmative a été décidée par arrêt de la même cour, du 16 germinal an 11.

Cependant cette cour a jugé positivement le contraire le 4 février 1807. Comme je l'ai déjà dit, elle a décidé alors que la disposition de l'article 15 du code de procédure n'est pas applicable si l'instruction a été retardée par la faute ou le dol de la partie qui poursuit la péremption. *V.* Sirey, *tome* 8, *première partie*, *page* 40.

Il a aussi été jugé par cette cour que, lorsqu'un juge de paix a prononcé en dernier ressort sur une contestation dans le délai de quatre mois, les parties ne peuvent se pourvoir par appel, encore que le juge de paix ait précipité sa décision outre mesure et sans une instruction suffisante pour juger dans le délai de la péremption; mais que dans ce cas la voie de la cassation est la seule ouverte. (*Arrêt du* 6 *avril* 1807, *motivé sur l'ar-*

ticle 7 du titre 7 de la loi des 24 et 26 octobre 1791.)

PERSONNES RESPONSABLES. La responsabilité de ces personnes ne laissait pas que d'être étendue autrefois : non-seulement les pères et mères répondaient civilement pour leurs enfants mineurs, les maîtres pour leurs domestiques, mais encore les tuteurs pour leurs pupilles, les instituteurs pour leurs élèves, les artisans pour leurs ouvriers. J'ai toujours regardé cette responsabilité comme une exception au droit commun, et comme une rigueur qu'il était désirable de restreindre à un petit cercle de choses et de personnes. En effet, chacun ne doit, en thèse générale, répondre que de ses propres faits, volontaires ou accidentels.

Cependant on a dû ne pas entièrement laisser les pères, mères, maîtres, tuteurs, etc., sans responsabilité. Mais elle aurait dû toujours être bornée à la possibilité que les personnes responsables auraient eu d'empêcher le fait, comme le veut aujourd'hui le code civil.

La loi de juillet 1791 laissait une lacune absolue sur cette responsabilité, ce qui fut senti dès la loi de septembre suivant, laquelle néanmoins n'établit des personnes responsables qu'en matière de délits ruraux. Mais elle donna une extension assez forte à cette responsabilité, puisqu'elle y assujettit jusqu'aux maîtres et entrepreneurs de toute espèce, sans établir même aucune exception ni restriction.

Le code de brumaire an 4, dans les deux titres qu'il avait consacrés à la justice de police simple, n'y disait rien des personnes responsables; mais le dernier code pénal a sagement prévu et établi tout ce qui devait l'être sur ce point, par les articles 73 et 74.

D'abord il établit une responsabilité civile contre les aubergistes et hôteliers, convaincus d'avoir logé plus de vingt-quatre heures des personnes qui, pendant leur séjour, auraient commis un crime ou un délit, faute par eux d'avoir inscrit sur leurs registres, le nom, la profession et le domicile du coupable. Cette responsabilité comprend les indemnités, restitution et frais de la partie lésée.

Il déclare aussi les mêmes individus responsables comme dépositaires nécessaires, c'est-à-dire, par corps, des effets apportés par le voyageur qui loge chez eux; il les rend responsables du vol ou du dommage de ces mêmes effets. C'est ce que le code civil avait fait par les art. 1952 et 1953.

Et pour les autres cas de responsabilité civile, la loi pénale renvoie à la loi civile, article 1384, dont voici le texte :

« On est responsable, non-seulement du dommage que l'on cause par son propre fait, mais encore de celui qui est causé par le fait des personnes dont on doit répondre, ou des choses que l'on a sous sa garde.

» Le père et la mère, après le décès du mari, sont responsables du dommage causé par leurs enfants mineurs habitant avec eux; — les maîtres et les commettants, du dommage causé par leurs domestiques et préposés dans les fonctions auxquelles ils les ont employés ; — les instituteurs et artisans, du dommage causé par leurs élèves et apprentis, pendant le temps qu'ils sont sous leur surveillance.

» La responsabilité ci-dessus a lieu, à moins que les père et mère, instituteurs et artisans, ne prouvent qu'ils n'ont pu empêcher le fait qui donne lieu à cette responsabilité. »

On voit que des termes trop généraux ne sont point placés dans cette disposition. Les faits de la responsabilité y sont précisés clairement ; un moyen simple et équitable est offert aux personnes responsables pour leur justification.

Ainsi les pères et les mères ne sont pas responsables pour leurs enfants mineurs dès qu'ils n'habitent plus avec eux, les maîtres et les commettants ne répondent pas pour leurs domestiques, apprentis ou préposés, quand ils sont hors des fonctions ou des travaux qui leur sont confiés. C'est ce qui a été jugé affirmativement par arrêt de la cour de cassation, du 9 juillet 1807.

Ainsi les instituteurs et les artisans ne sont plus responsables pour leurs élèves ou apprentis, dès que ceux-ci ne sont plus sous leur surveillance. Enfin nul n'est responsable, dès qu'il justifie avoir, par tous les moyens qui étaient en son pouvoir, fait ce qu'il devait faire pour empêcher le dommage, la contravention, ou le délit.

On peut demander comment la loi entend que les élèves ou les apprentis cessent d'être sous la surveillance des instituteurs et des artisans. Je pense que l'élève qui est externe, n'est aucunement sous la surveillance des maîtres, dès qu'il est sorti de la classe; que l'élève pensionnaire, au contraire, est constamment sous la responsabilité de ses régents ou maîtres de pension, même pendant les heures des jeux et des délassements; qu'enfin l'apprenti cesse d'être sous la surveillance du maître, dès qu'il n'est plus dans son atelier, ou qu'il n'est pas extérieurement employé par son maître.

Ces différentes règles sur les responsabilités des personnes, sont appliquées par les juges de paix, savoir, au civil, dans les actions pures personnelles et mobilières qui sont de leurs attributions, et dans les matières de police, lorsque le délinquant est sous l'autorité ou la dépendance de père ou de mère, de maître, d'instituteur ou d'artisan; lorsqu'encore il s'agit de contraventions relatives aux aubergistes, hôteliers et logeurs. *V.* QUASI-DÉLITS.

PIERRES ET CORPS DURS JETÉS SUR QUELQU'UN. La loi distingue ici le jet commis par imprudence d'avec le jet volontaire. Le premier fait est puni par les juges de paix en tribunal de police simple, d'une amende d'un franc à cinq francs. Le second est réprimé de la même manière par une amende de six à dix francs. Au reste, pour éviter des répétitions, *voyez, pour le premier fait,* CONTRAVENTIONS DE PREMIÈRE CLASSE, *n°* 6; *et pour le second, voyez* CONTRAVENTIONS DE DEUXIÈME CLASSE, *n°* 8.

PLAINTE. C'est l'acte par lequel une partie fait connaître au juge de paix, ou à tout autre officier de police judiciaire, le tort, le préjudice, la vexation, l'outrage, le délit ou le crime commis à son préjudice, afin d'en avoir une juste réparation, et d'appeler sur les coupables la vengeance des lois.

On donne communément le nom de plainte aux citations qui sont données en matière de police, mais elles sont toujours des citations par leurs formes et souvent par leurs effets. *Voyez à cet égard*, PROCÉDURE EN POLICE SIMPLE.

Quant à la plainte proprement dite, qui se rend pour délits ou crimes, les juges de paix doivent la recevoir, soit que le plaignant sache signer ou non. *V.*, pour les suites que ces magistrats doivent donner à cette plainte, POLICE JUDICIAIRE.

POIDS ET MESURES. L'infidélité des poids et mesures dans la vente des denrées ou autres objets qui se débitent au poids, à l'aune, etc., était jadis punie, pour la première fois, par les juges de police, d'une amende qui ne pouvait être moindre de 100 livres, ou de la quotité du droit de patente du vendeur, si ce droit était de plus de 100 francs. Les faux poids et mesures étaient confisqués et brisés, et les délinquants en outre condamnés à la détention de police municipale, qui était de cinq jours dans les villes. (*Loi du 22 juillet* 1791, *articles* 22 *et* 23, *titre* 1er)

Mais le code de brumaire an 4 ayant modifié fortement le taux des amendes prononcées auparavant par le juge de police, la vente à faux poids et mesures passa dans la compétence des juges correctionnels. Ce changement ne se fit pas sans difficultés et sans controverses entre les tribunaux; divers arrêts de la cour de cassation furent rendus pour l'explication de la loi, et le ministre de la justice enfin fut obligé de poser des règles générales et de tracer des démarcations, par une circulaire écrite aux juges de paix, le 15 fructidor an 4.

Le nouveau code pénal confirmant ce dernier ordre, a laissé dans la compétence correctionnelle le fait de vente à faux poids et à fausse mesure; mais il a légué aux juges de paix le droit de punir ceux qui possèdent dans leurs magasins, boutiques, ateliers ou maisons de commerce, ou dans les halles, foires et marchés, de faux poids ou de fausses mesures, par le seul fait de cette possession. Il est en effet probable qu'un détenteur de pareils poids et mesures en fait usage dès qu'il le peut. La peine est, en ce cas, d'une amende de 11 à 15 francs, qui ne peut jamais s'appliquer qu'en première instance par les juges de paix. (*Art.* 479, nº 5, *Code pénal.*)

Il est un autre fait attribué encore à ces juges dans cette matière : c'est la répression de ceux qui emploient des poids et mesures différents de ceux qui sont établis par les lois en vigueur. Telle est la disposition du même article 479, nº 6, et je n'y vois que le complément de l'attribution précédente.

Il me paraît important de réprimer avec sévérité la première de ces contraventions, puisqu'elle trompe la foi publique. Il y a d'ailleurs fraude, malice et préméditation de la part de celui qui conserve en sa possession des poids faux. Le *maximum* de l'amende est donc bien mérité, et je pense même que, pour donner des exemples salutaires, le juge doit ajouter à l'amende quelques jours de prison ; la loi lui en laisse la faculté, puisqu'elle prononce dès la première fois cinq jours d'emprisonnement. Cette peine, en cas de récidive, est impérieusement prononcée contre les possesseurs de faux poids et mesures, et contre ceux qui font usage de ceux non autorisés par les lois. Au reste, la confiscation des poids et mesures faux ou supprimés, est, dans tous les cas, indispensable ; la loi le veut ainsi.

La nécessité de protéger le public contre la fraude, et une sage politique qui veut affermir l'établissement des nouveaux poids et mesures, ont sans doute déterminé le législateur à quelque sévérité contre ceux que la cupidité entraîne à repousser une institution tout-à-la-fois heureuse, scientifique et simple, une institution qui est due aux méditations de plusieurs siècles, pendant lesquels le besoin de l'uniformité des poids et mesures s'est fait sentir en France, principalement dans la classe commerçante. C'était alors une étude de plus pour le spéculateur, que la connaissance de l'énorme multiplicité des mesures locales et des différents poids, jadis autorisés. Les nombreux volumes imprimés sur ces matières le prouvent sans réplique.

J'ai dit que depuis le code de brumaire an 4, la connaissance des ventes à faux poids et à fausses mesures, appartient aux tribunaux correctionnels; il est cependant une exception consacrée par la jurisprudence des tribunaux et de la cour de cassation; la voici :

Des boulangers qui ne sont pas surpris en vendant publiquement du pain à faux poids, ou dans leurs boutiques, mais chez lesquels on en trouve qui n'a pas le poids déterminé par l'usage ou par les réglements de l'administration locale, sont-ils justiciables des tribunaux correctionnels? Je l'ai jugé quatre fois négativement, et toujours mes jugements ont été confirmés. Je crois devoir en rapporter l'espèce la plus remarquable.

Le commissaire de police de la Rochelle surprit plusieurs boulangers qui avaient étalé en vente dans leurs boutiques une assez forte quantité de pain dont les poids étaient infidèles; il en dressa procès verbal, et il fit les poursuites convenables.

Les prévenus soutinrent qu'ils n'étaient pas en contravention, parce qu'il n'était point prouvé qu'ils avaient vendu les pains dont le poids n'était ni exact ni conforme aux usages de la ville; que les pains trouvés dans leurs boutiques n'étaient pas même exposés en vente; que d'ailleurs l'article 479 du code pénal ne leur était point applicable, parce qu'ils n'avaient pas fait usage de faux poids, et parce qu'ils n'en avaient pas en leur possession.

Mais, attendu que c'est dans leurs boutiques que les boulangers vendent leurs pains; attendu que ceux dont il s'agissait étaient étalés, ce qui annonçait l'intention manifeste d'en faire la vente;

attendu que les pains dont les poids étaient infidèles, avaient été nécessairement ou mal pesés, ou pesés avec des poids faux; attendu que si l'article 479 n'était pas applicable à l'espèce, il n'en était pas ainsi des articles 3 et 5 du titre 11 de la loi du 24 août 1790, conçus en ces termes : *Article* 3. « Les objets de police confiés à la vigilance et à l'autorité de la police municipale sont, 1°, etc.; 3° l'inspection sur *la fidélité du débit des denrées* qui se vendent au poids et à l'aune, etc. *Art.* 5. Les contraventions à la police ne pourront être punies que de l'une de ces deux peines, ou de la condamnation à une amende pécuniaire, ou de l'emprisonnement par forme de correction, pour un temps qui ne pourra excéder trois jours dans les campagnes, et huit jours dans les villes, pour les cas les plus graves; »

Attendu enfin, qu'il s'agissait précisément de la fidélité dans le débit d'une denrée de première nécessité, et que le code pénal prescrivait de suivre les dispositions des lois anciennes pour les cas qu'il n'avait pas prévus,

Le tribunal de police déclara les boulangers convaincus de contravention, les condamna chacun en cinq jours de prison et aux dépens. Mais, comme les pains exposés en vente avaient été saisis illégalement par le commissaire de police, cette confiscation fut déclarée nulle, et la restitution des pains saisis fut ordonnée, parce que la loi n'en prononçait pas la confiscation.

Sur l'appel de ce jugement, le tribunal correctionnel en confirma toutes les dispositions; mais il appliqua huit jours de prison à chaque prévenu, au lieu de cinq que j'avais prononcés.

Un arrêt de la cour de Paris, rendu en pareille hypothèse, au mois d'août 1813, avait prononcé les mêmes dispositions, en infirmant un jugement d'un tribunal correctionnel, qui avait jugé un pareil fait comme étant de nature de la vente à faux poids. Cette jurisprudence est aujourd'hui consacrée par divers décrets et ordonnances qui établissent des réglements locaux pour l'exercice de la profession de boulanger.

POLICE JUDICIAIRE (OU DE SURETÉ). L'intérêt social, le maintien de l'ordre et des mœurs, la sûreté publique, sont les principaux objets de la sollicitude de la police judiciaire. L'activité est son caractère essentiel, parce qu'elle précède l'action de la justice ; elle recherche tous les éléments et les traces du crime de manière à ce qu'il ne puisse lui échapper : mais si son œil attentif doit tout pénétrer, elle ne doit jamais s'écarter de cette modération qui ne blesse personne, même le coupable qu'elle atteint.

L'assemblée nationale donna aux juges de paix l'action tout entière de la police de sûreté (on appelait alors ainsi la police judiciaire); cette assemblée reconnut que dans les mains d'une magistrature essentiellement pacifique, la police aurait une force singulière. C'est la véritable fonction de juge de paix, disait le comité de constitution de l'assemblée, de rendre la police tranquillisante pour ceux qu'elle protége, respectable pour ceux qu'elle surveille, et rassurante pour ceux-là même sur lesquels elle déploie son autorité.

Le code de brumaire an 4 confirma et étendit même le premier ordre établi pour la police de sûreté ; mais la loi du 7 pluviose an 9 enleva en partie aux juges de paix ces attributions importantes. Le nouveau code d'instruction criminelle a confirmé ce changement. C'est donc d'après lui seul que nous devons examiner les attributions actuelles des juges de paix en matière criminelle.

Ces magistrats sont toujours officiers de police judiciaire, et, dans cette qualité, ils reçoivent les plaintes et les dénonciations des crimes ou délits commis dans l'étendue de leur territoire. (*Article 48, Code d'instruction criminelle.*)

Mais, sans attendre de dénonciations ni plaintes, ils sont tenus de dresser procès verbal des crimes ou des délits dont ils acquièrent la connaissance dans l'exercice de leurs fonctions, et de transmettre au procureur du roi, avec leurs procès verbaux, tous les actes qui y seront relatifs. (*Article 29 du même Code.*)

On ne doit point inférer de ces dispositions, que le juge de paix doit se transporter dans ce cas particulier sur les lieux où le délit a été commis, parce qu'alors il est, ou à l'audience, ou dans l'exercice de fonctions qui ne peuvent se suspendre. Le procès verbal que la loi le charge de dresser se fait au contraire dans le lieu où il exerce ses fonctions, lorsqu'il découvre un délit ou crime ; alors seulement il constate les faits par les pièces qui lui sont produites, ou par les aveux et déclarations des parties, ou enfin par les dépositions des témoins qu'il aura entendus dans l'instance en laquelle le délit aura été découvert; ce sont ces différentes pièces dont la loi ordonne l'envoi aux procureurs du roi.

Mais dans les cas de flagrant délit, ou dans les cas de réquisition d'un chef de maison, les juges de paix dressent non-seulement les procès verbaux, mais encore ils reçoivent les déclarations des témoins, font les transports, visites et tous autres actes qui sont auxdits cas de la compétence des procureurs du roi, le tout suivant les formes établies pour ces magistrats. (*Art.* 49, *Code d'instruction criminelle.*)

« Quiconque aura connaissance qu'un individu est détenu dans un lieu qui n'est pas destiné à servir de maison d'arrêt, de justice, ou de prison, est tenu d'en donner avis au juge de paix, au procureur du roi, ou à son substitut, ou au juge d'instruction, ou au procureur général près la cour royale. » (*Article* 615, *même Code.*)

« Tout juge de paix, tout officier chargé du ministère public, tout juge d'instruction, est tenu *d'office*, ou sur l'avis qu'il en aura reçu, sous peine d'être poursuivi comme complice de détention arbitraire, de s'y transporter aussitôt, et de faire mettre en liberté la personne détenue, ou, s'il est allégué quelque cause de détention légale, de la faire conduire sur-le-champ devant le magistrat compétent. Il dressera du tout son procès verbal. » (*Article* 616, *même Code.*)

Ainsi, sans plainte ni dénonciation, ou même sans un simple avis, un juge de paix doit *d'office*, sur sa seule connaissance personnelle, poursuivre les auteurs d'une détention arbitraire, et la faire cesser. Il peut même, alors, décerner un mandat d'amener ou de dépôt, puisque le délit est flagrant, lorsqu'il ordonne l'élargissement du détenu.

Il peut aussi, en cas de résistance ou de rébellion, requérir la force armée pour l'assister et lui prêter main-forte; ce que doit faire aussi toute personne requise. (*Art.* 617, *même Code.*)

Il peut faire davantage pour découvrir les détentions arbitraires; il se fait exhiber les registres des gardiens ou concierges, et il en prend tel extrait ou copie que bon lui semble; tout gardien qui refuserait la communication de ses registres au juge de paix, serait poursuivi comme coupable ou complice de détention arbitraire. (*Art.* 618, *ibidem.*)

Voilà toutes les attributions des juges de paix, comme officiers de police judiciaire. Ils ne sont pas chargés spécialement de constater le plus grand nombre des délits ou crimes; ce sont les procureurs du roi eux-mêmes, qui font les premiers actes de l'instruction dans les cas ordinaires, ainsi que l'on peut s'en convaincre par le rapprochement de l'art. 47 du code d'instruction criminelle de ses art. 48, 49 et 54.

Les formes dans lesquelles les juges de paix exercent leurs attributions dans cette partie, sont assez simples; elles sont, d'ailleurs, tracées par le même code. Je pourrais me contenter d'y renvoyer; mais, pour mieux atteindre mon but, qui est d'éviter au lecteur des recherches, des comparaisons, des méditations, je rassemblerai dans un cadre bien étroit les éléments de ces formes.

La dénonciation exprime sommairement les faits; indique les circonstances, les traces ou autres indices du crime; elle est rédigée par le dénonciateur ou par son fondé de pouvoir *ad hoc*, si l'un ou l'autre savent signer, ou par le juge de paix, s'il en est requis. Elle contient les noms, prénoms, qualités, demeures des dénonciateurs, des prévenus et des témoins; enfin, elle est signée à chaque feuillet par le juge et par le dénonciateur ou son fondé de pouvoir s'il le sait; sinon il en est fait mention. Le pouvoir spécial reste annexé à la dénonciation. (*Art.* 31, *Code d'instruct. crimin.*)

Si c'est le juge qui dénonce d'office un crime ou délit qu'il a découvert en exerçant d'autres fonctions, il dresse, comme je l'ai déjà dit, procès verbal des faits, de leurs circonstances, ou des indices; il désigne les témoins qui en ont connaissance, fait une mention détaillée des pièces qui contiennent ces faits, ou conduisent à les découvrir, paraphe, *ne varietur*, lesdites pièces, qu'il annexe à son procès verbal, et adresse le tout au procureur du roi. Cela se fait sans déplacement du juge. (*Art.* 31, *Code d'instruction criminelle.*)

Mais, si c'est en cas de flagrant délit, ou sur la réquisition d'un chef de maison que le juge de paix opère, il se transporte de suite sur le lieu, et alors ses opérations sont plus étendues, non-seulement il constate le corps du délit, recherche les indices, les preuves, les rassemble, mais encore il fait des visites et des perquisitions, reçoit les déclarations des personnes présentes, appelle des voisins, des témoins, et les entend. Il consigne tout ce qui est fait par son procès verbal. Cependant il peut en faire des actes particuliers, c'est-à-dire, recevoir la plainte séparément de son procès verbal, et isoler de même cet acte des dépositions des témoins.

Les réponses, déclarations, interrogatoires de tous ceux qui assistent ou qui sont forcés de paraître dans les différents actes du juge, sont signés par eux, et, en cas d'impossibilité ou de refus de le faire, il en est fait mention; mais, en faisant tout cela, le juge doit donner avis de son transport au procureur du roi (qui doit les transmettre au juge d'instruction), sans cependant être obligé d'attendre sa présence ou son avis.

Le juge de paix peut défendre que qui que ce soit sorte de la maison ou s'éloigne du lieu dans lequel il constate un crime ou un délit, jusqu'à la clôture de son procès verbal. Il peut faire arrêter tout contrevenant à cette défense, lequel est, en ce cas, puni de dix jours de prison et de 100 francs d'amende. Cette peine est prononcée par le juge d'instruction sur les conclusions du ministère public, sans autres formalités.

Les armes et autres objets qui paraîtront avoir servi ou avoir été destinés à commettre le crime, ainsi que tout ce qui pourra servir à la manifestation de la vérité, seront saisis, présentés au prévenu s'il est présent, clos et cachetés du sceau du juge, s'ils en sont susceptibles, sinon placés dans un vase ou dans un sac qui est fermé et scellé. Le procès verbal contient description des effets saisis, de leur mise sous le sceau, des réponses ou refus de répondre du prévenu, sur la présentation qui lui en a été faite.

Dans le cas où le juge de paix est porté à croire, par la nature du crime ou par les indices déjà découverts, que la preuve puisse en être acquise par une visite domiciliaire, il rend une ordonnance portant qu'il se transportera de suite au domicile du prévenu, même ailleurs, s'il y a lieu, pour faire telles perquisitions nécessaires. Pendant ces visites, il se saisit des effets et papiers s'il s'en trouve qui soient dans le cas d'opérer, soit la conviction, soit la décharge du prévenu, et il les scelle en sa présence s'il assiste à l'opération; mais auparavant, ces effets et ces papiers sont présentés au prévenu pour les reconnaître et les parapher s'il le peut et s'il le veut. Mention particulière est faite de ces diverses formalités au procès verbal du juge.

Lorsque le fait constaté est de nature à entraîner une peine afflictive ou infamante, le juge de paix fait saisir les prévenus présents, s'il existe contre eux des indices graves, autres cependant que la dénonciation ou la plainte, parce que ni l'une ni l'autre de ces pièces ne sont suffisantes pour faire priver un citoyen de sa liberté. Il en est de même pour délivrer le mandat d'amener, afin de faire comparaître le prévenu absent devant le juge de paix et pendant qu'il opère. Dans tous les cas, le prévenu est interrogé aussitôt qu'il paraît; les demandes qui lui sont faites et ses réponses sont écrites au procès verbal du juge, qui se fait assister, soit dans l'hypothèse du flagrant délit, soit dans celle de réquisition d'un chef de maison, par le commissaire de police, ou par le maire ou son adjoint, ou par deux citoyens domiciliés dans la commune. Cependant, s'il n'est pas possible de se procurer des témoins à l'instant même, le juge peut également opérer seul : mais, dans l'une ou l'autre circonstance, chaque feuillet de son procès verbal est signé par lui et par ses assistants, s'il en est.

S'il s'agit d'une mort violente, dont la cause soit suspecte, le juge de paix appelle un ou deux officiers de santé, qui font serment de donner leur avis en leur ame et conscience, et font leur rapport sur l'état du cadavre. De même, pour tout autre crime ou délit, si des gens d'art ou de métier sont dans le cas de donner des renseignements, par leurs professions, sur les faits dont il est question, ou sur les circonstances qui y ont rapport, le juge de paix se fait assister d'une ou deux de ces personnes, qui lui donnent leur avis.

Ces avis, serment et réquisitions, sont écrits au procès verbal du juge de paix, lequel est signé par les personnes appelées et entendues. Enfin, cet acte étant clos, il est envoyé, sans aucun délai, avec les pièces et objets saisis au procureur du roi, qui ensuite procède comme il est prescrit à l'article 54 du code d'instruction criminelle.

Telles sont les formalités que les juges de paix

observent quand ils constatent des délits ou crimes, dans le cas de flagrant délit, ou sur la réquisition d'un chef de maison. Mais qu'est-ce qu'un délit flagrant? La loi répond que c'est celui qui se commet actuellement ou qui vient de se commettre. Elle ajoute : Sont aussi réputés flagrants délits, le cas où le prévenu est poursuivi par la clameur publique, et celui où le prévenu est trouvé saisi d'effets, armes, instruments, ou papiers faisant présumer qu'il est auteur ou complice, pourvu que ce soit dans un temps voisin du délit. » *Art.* 41 *du Code d'instruc. criminelle.* *V. les art.* 32 *à* 54 *de ce Code.*

On entend par chef de maison, non-seulement le propriétaire, le principal locataire, mais encore tous sous-locataires majeurs.

POLICE SIMPLE. C'est un tribunal institué pour réprimer de petits désordres très-multipliés, qui ne sont pas assez graves pour attenter à l'ordre social, mais qu'il importe cependant à l'intérêt public de ne pas laisser impunis ; ces faits ne sont ni délits ni crimes ; la loi les qualifie contraventions.

Police vient du mot grec *polis*, qui signifie cité, d'où est dérivé *politia*, qui exprime réglement, bon ordre d'une cité. Il existait en France, avant la révolution, une législation de police très-variable, suivant les lieux et même les personnes. Des corps, des particuliers avaient des priviléges qui les mettaient à couvert de quelques mesures de police. On a vu, dans une même ville, la police avoit dans un quartier des réglements différents de ceux qu'elle avait dans les autres. Cet ordre singulier frappait depuis long-temps les publicistes; un des plus célèbres (1) avait même dit que c'était plutôt le juge de police qui punissait que la loi.

Dès le mois de juillet 1791, la législation nouvelle commença à faire disparaître cette confusion arbitraire; elle fixa, dans une série uniforme et égale pour tous, les faits ou contraventions de police, qui alors se nommaient *délits*.

Celle du 6 octobre suivant, ajouta à cette première amélioration, une législation *rurale*, que le respect des propriétés et les plaintes générales demandaient depuis long-temps. Le code de brumaire an 4 étendit encore les nouvelles dispositions sur la police. Enfin le nouveau code pénal, réunissant divers textes législatifs, leur a imprimé un ordre simple, par la démarcation précise qu'il fait des contraventions et des délits, par les graduations et les détails qu'il dispose sagement dans ces matières. C'est maintenant d'après ce code que les juges de paix prononcent en tribunal de police, des peines qui sont des véritables émanations de la justice criminelle.

Ce tribunal est distinct et absolument séparé de la justice civile du juge de paix; c'est cependant le même magistrat qui y préside; mais il a près de lui un ministère public dans les matières de police. Dans les villes où il y a plusieurs juges de paix, ils font le service alternativement au tribu-

(1) Montesquieu.

nal de police, dont le ressort comprend tous les arrondissements des justices de paix qui existent dans une même ville.

Le ministère public est exercé à ce tribunal par le commissaire de police du chef-lieu. En cas d'empêchement, ou s'il n'y a pas de commissaire de police, c'est le maire ou son adjoint qui remplit les fonctions de ce ministère. S'il y a plusieurs commissaires de police dans la ville où siége le tribunal de police, c'est celui qui est nommé par le procureur de la cour royale du ressort qui fait le service.

Il y a un greffier particulier pour ce tribunal, dans les cités qui réunissent plusieurs juges de paix. Autrement, le greffier ordinaire du juge fait le service près de lui pour la police et pour le civil. Mais dans l'une et l'autre circonstance, ce sont toujours les huissiers du juge de paix présidant le tribunal de police, qui y exercent leur ministère. *V. les art.* 141 *et suiv. du Code.*

Les contraventions soumises aux juges de police sont en assez grand nombre; elles se divisent en quatre espèces principales, et chaque espèce se subdivise d'une manière plus ou moins nombreuse. Trois sortes de peines sont appliquées à ces contraventions: des amendes, des confiscations et des emprisonnements. J'ai traité dans cet ouvrage, avec quelque détail, de ces peines et des diverses contraventions qui les font encourir; ce que j'en pourrais dire ici ne serait qu'une répétition fastidieuse. Je prie donc le lecteur de voir les articles CONTRAVENTIONS DE PREMIÈRE CLASSE; *idem*, DE

DEUXIÈME CLASSE; *idem*, DE TROISIÈME CLASSE; *idem*, RÉGLÉES PAR DES LOIS PARTICULIÈRES.

Il est des formes de procéder qui sont spéciales aux tribunaux de police, qui ont existé depuis des siècles, mais avec des variations aussi singulières que celles qui existaient sur le fond des matières de police. Le code d'instruction criminelle a établi dans un ordre très-simple celles qui sont maintenant suivies. J'en ai traité et même donné tous les éléments, *verbo* PROCÉDURES EN MATIÈRES DE POLICE.

Ayant ainsi traité des formes et des droits de la justice de paix, il ne me reste que peu de chose à dire ici. Je dois cependant rapporter quelques règles générales et divers points de la jurisprudence des cours.

Les tribunaux de police ne peuvent connaître de l'exécution de leurs jugements, parce que cette exécution entraîne presque toujours des actions civiles, et qu'ils ne peuvent prononcer que sur des matières criminelles; c'est ainsi que l'a décidé la cour de cassation, par deux arrêts des 2 janvier et 27 mars 1807.

Les juges de police ne peuvent encore ordonner l'exécution provisoire de leurs jugements. La même cour l'a ainsi décidé par arrêt du 21 thermidor an 12. Cependant je me permettrai d'observer que lors de cet arrêt, les juges de police décidaient en dernier ressort sur tous les délits dont la connaissance leur était attribuée. Ainsi l'exécution provisoire était inutile, puisque l'exécution définitive s'ensuivait toujours, sauf dans le cas de pourvoi en cassation. Sans doute c'est pour une semblable hypothèse, que l'arrêt dont je viens de parler a été rendu ; arrêt qui n'est rapporté que très-sommairement, sans aucun détail, dans le dictionnaire des arrêts. Mais on peut dire maintenant que si les tribunaux de police n'ordonnent pas l'exécution provisoire de leurs jugements, c'est que la législation actuelle ne leur en donne pas le droit, comme elle le donne aux justices civiles des juges de paix et aux tribunaux de première instance, dans les différents cas qui sont prévus. C'est ici une attribution extraordinaire qui ne peut avoir lieu, si elle n'est nommément accordée.

Un juge de paix, quoique président du tribunal de police et juge civil, ne peut à-la-fois prononcer dans ces deux qualités, c'est-à-dire, juger un différend purement civil au tribunal de police, et une contravention en justice civile ; ou encore décider entre les mêmes parties et au même tribunal, deux faits, dont l'un serait contravention, et l'autre action civile. C'est ce qui a été décidé par arrêt de la cour de cassation du 2 thermidor an 11.

Le tribunal de police ne peut connaître d'une plainte au mépris de la question préjudicielle de propriété. Par exemple, si une partie en fait appeler une autre pour être condamnée en des dommages-intérêts résultants d'un passage pratiqué sur des terrains ensemencés, et si l'autre partie excipe d'un droit de propriété ou de servitude sur ces terrains, le juge de police, au lieu de statuer sur le fond de la plainte, doit ordonner qu'il sera sursis à y faire droit, jusqu'à ce que la question de propriété ou de servitude soit décidée par des juges compétents. A cet effet, il fixe un délai dans lequel la partie qui a fait l'exception, sera tenue de se pourvoir à cet égard; sinon il peut ordonner qu'après ce délai expiré, il y sera fait droit.

Ces principes élémentaires ont cependant donné lieu à un arrêt de la cour de cassation du 18 août 1808, qui en a décidé affirmativement.

Cette cour a aussi décidé que les tribunaux de police ne pouvaient ordonner d'office l'impression et l'affiche de leurs jugements; mais que l'un et l'autre devaient être d'abord demandés par la partie plaignante. Ce point de droit a donné lieu à trois arrêts successifs et uniformes rendus par la même cour, les 26 pluviose, 18 prairial et 1er thermidor an 12. Les nouveaux codes ne disent rien sur l'affiche et l'impression des jugements de police; il est donc convenable de suivre la jurisprudence; mais on ne doit pas légèrement ordonner ces affiches; il faut, au contraire, des faits graves, ou l'utilité publique, pour les motiver. *V.* Impression.

Je terminerai cet article par établir la division de la justice de police que le nouveau code d'instruction criminelle a introduite, en donnant aux maires des communes non chefs-lieux de canton, des attributions pour connaître, en concurrence avec les juges de paix, de certaines contraventions. Cette division qui a paru incohérente, parce qu'elle réunit dans la même main le pouvoir judiciaire et le pouvoir administratif, qui furent toujours séparés et même indépendants, ressemble cependant, dans quelques points, à celle qui était jadis établie entre les lieutenants de police, les jurats, les échevins et les capitouls; à l'exception que cette ancienne division existait dans les grandes villes, et que la nouvelle est en faveur des maires des villages.

La loi nouvelle attribue *exclusivement* aux juges de paix la connaissance : 1° « Des contraventions commises dans les communes chefs-lieux de canton, dont les maires n'ont aucune juridiction.

2° » De toutes contraventions commises dans les communes non chefs-lieux par des individus qui n'y sont pas domiciliés ou présents, sauf le cas du flagrant délit.

3° » Des contraventions dont les témoins qui doivent en déposer, sont domiciliés hors de la commune.

4° » De celles pour raison desquelles la partie réclamante conclut pour ses dommages et intérêts à une somme indéterminée, ou excédant 15 francs.

5° » Des contraventions forestières poursuivies à la requête des particuliers.

6° » Des injures verbales autres que celles exceptées depuis l'article 367, jusques et compris l'article 378 du code pénal.

7° » De certains faits relatifs aux affiches, annonces, ventes, distributions d'ouvrages contraires aux bonnes mœurs.—Cette attribution est limitée et expliquée par les articles 283, 284, 287 et 288 du code pénal, qui ne laissent aux juges de paix que la punition des crieurs, afficheurs et distributeurs qui auront fait connaître l'auteur.

8° » De l'action contre les gens qui font le métier de deviner, de pronostiquer, ou d'expliquer les songes. (*Article* 139, *Code d'instruction criminelle.*)

9° » Enfin, de toutes les contraventions régies par des lois particulières, dont le nombre est assez grand. »

La connaissance des faits de la série que je viens de former est expressément interdite aux maires des communes non chefs-lieux; mais ils connaissent concurremment avec les juges de paix :

1° Des contraventions pour lesquelles le coupable est trouvé en flagrant délit, entre domiciliés ou non domiciliés, parce qu'ils sont réputés par la loi juges du lieu du délit. (*Article* 166, *Code d'instruction criminelle.*)

2° Des faits de police commis par des personnes présentes ou résidantes dans leurs communes respectives, autres que ceux exclusivement attribués aux juges de paix. Cependant, il faut encore que les témoins du fait qui donne lieu à la plainte soient domiciliés dans la même commune, et que les conclusions de la partie plaignante n'excèdent pas 15 francs; autrement, et dans ces deux cas, les maires cessent d'être compétents. (*Même art.* 166. *V. l'art.* 140.)

En général, les fonctions du juge de police, attribuées aux maires, ne sont pas exercées par eux. Un très-petit nombre a organisé momentanément sa juridiction de police, et le gouvernement ne paraît pas y avoir forcé personne. On peut donc regarder que cette institution est devenue purement facultative pour les maires. Cependant, ceux qui désireraient faire usage des droits que la loi leur accorde, pourront consulter mon *Commentaire sur la législation de police*, destiné à leur servir de manuel. Ils y trouveront toutes les règles nécessaires à l'application de la loi, et toutes les formules des actes de procédures et de jugements qui peuvent avoir lieu dans les matières qui leur sont attribuées.

PORT D'ARMES. *V.* Contraventions réglées par des lois particulières. Le droit de port d'armes donne-t-il à celui qui l'a obtenu la faculté de chasser indistinctement sur les propriétés publiques et privées ? Le chasseur peut-il passer et repasser dans les terres et champs préparés ou ensemencés, ou sur d'autres terrains couverts de blés en tuyau ou d'une récolte quelconque, sans commettre une contravention, parce qu'il a un port d'armes ? Non certainement. Le permis du port d'armes n'est point un brevet d'impunité, ni un titre pour chasser, ou pour acquérir des servitudes. L'impunité ne peut se vendre par personne ; et en payant son port d'armes, le chasseur n'acquiert que le droit de porter, pendant un temps limité, des armes ostensibles et non cachées ; il reste, comme tout autre, passible des peines infligées aux délits ou contraventions qu'il peut commettre. Et s'il peut chasser sans crainte de poursuites, c'est sur sa propriété, ou sur celles dont il jouit à titre légal, ou en vertu d'une permission authentique des propriétaires sur les terrains desquels il s'exerce.

Quant au délit de chasse, il est dans la compétence correctionnelle ; ainsi il n'est pas de mon sujet.

PORTES FERMÉES. Lorsqu'un huissier, chargé de procéder à une saisie-exécution, trouve fermées les portes de la maison d'un débiteur, ou lorsque l'ouverture des meubles lui est refusée, il doit se retirer devant le juge de paix, ou, à son défaut, devant le commissaire de police, pour faire ouvrir, par l'autorité de l'un ou de l'autre, les portes fermées.

Le juge de paix, en pareille circonstance, ne peut refuser de se transporter à la maison du débiteur, auquel il enjoint, s'il est présent, d'ouvrir les portes fermées; autrement, il les fait ouvrir de force par le premier ouvrier requis. En cas de violence ou de rébellion, le juge de paix procède comme au cas de flagrant délit, et suivant les formes que j'ai détaillées *verbo* POLICE JUDICIAIRE, Il appelle même la force armée pour lui prêter secours s'il en est besoin.

S'il se trouve dans les meubles dont les portes ont été ouvertes, des titres et papiers, le juge de paix doit y apposer le scellé, si le saisi est absent. (*Article* 591, *Code de procédure.*)

Si un juge de paix refusait, ou son transport, ou de faire ouvrir les portes, il pourrait, suivant les circonstances, être déclaré passible des dommages-intérêts du saisissant, et même pris à partie. C'est ce qui avait été décidé dès le 6 août 1668, pour les juges ordinaires, par un arrêt du conseil.

On voit ici que les juges de paix ont l'autorité de faire ouvrir le domicile et les meubles d'un débiteur sur la simple demande d'un officier ministériel. Cependant, quelques pages plus loin, la loi refuse, pour ainsi dire, à ces magistrats, cette autorité pour eux-mêmes. « Si les portes sont fermées, dit l'article 921 du même code, et s'il se rencontre des obstacles à l'apposition du scellé, etc., il y sera statué en référé par le président du tribunal. »

C'est là, ce me semble, une véritable contradiction; car si le juge de paix peut faire ouvrir des portes fermées lors d'une saisie-exécution, c'est pour empêcher que les meubles ne soient enlevés ou détournés; de même, lors d'une apposition de scellés, quand on ferme les portes, c'est pour opérer des soustractions; ainsi, la mesure conservatoire attribuée dans le premier cas au juge de paix, devait exister nécessairement dans le second. La nécessité y est évidente par-tout, et c'est la même autorité qui agit.

Aussi le second paragraphe de cet article 921, ajoute : « Pourra néanmoins le juge de paix, s'il y a péril dans le retard, statuer par provision, sauf à en référer ensuite au président du tribunal. »

Voilà le correctif. Je crois pouvoir ajouter qu'un juge de paix doit toujours faire ouvrir les portes d'une maison qu'il trouve fermée, lorsqu'il s'y présente pour apposer les scellés. On doit présumer que celui qui refuse d'introduire la justice dans son domicile n'a pas de bonnes intentions, lors même qu'il soutient que les scellés ne doivent pas s'apposer ; car si cette opération se faisait sans droit, la partie requérante serait responsable de tous dommages-intérêts envers celui qui aurait été lésé. Au reste, pour le complément de cet article, *V.* Référé, Scellés après décès.

POSSESSION ANNALE. *V.* Actions possessoires, Prescriptions, Preuves. J'ai déjà parlé de cette possession dans les articles auxquels je renvoie ; j'en ai donné la définition, les caractères et les effets. Il me reste à ajouter ici plusieurs points de la jurisprudence des cours sur cette espèce de prescription annale, qui court contre toutes sortes de personnes, et dont on trouve des réglements dès 1539, par une ordonnance de François Ier, article 61, qui fut confirmée en ce point par celle de 1667. (*Article* 1er, *titre* 18.)

J'ai dit, *verbo* Actions possessoires, que les servitudes ne donnent pas lieu à la complainte, parce que tels sont les principes, et qu'un arrêt rapporté dans cet article l'a jugé ainsi ; mais un arrêt plus moderne, du 13 juin 1814, a décidé le contraire pour les servitudes légales *fondées en titre*, notamment pour un cours d'eaux pluviales. Ce second arrêt est motivé sur les articles 640 et 688 du code civil ; ce dernier article, cependant, caractérise toutes les servitudes continues et discontinues.

Je pense qu'on peut faire de fortes distinctions sur ce point délicat. La cour de cassation elle-même les fournira; et, quoique ses différents arrêts que je vais rapporter sommairement, soient tous antérieurs à celui du 13 juin 1814, je ne crois point que ce dernier déroge aux premiers, et que la jurisprudence de cette cour soit changée.

1° L'action possessoire ou complainte n'est point admise pour des faits qui établissent des servitudes imprescriptibles, telles qu'un droit de passage. (*Ainsi jugé par la cour de cassation, le 13 août 1810, sur le réquisitoire de M. le procureur général, contre Delpy.*)

2° Même décision, malgré que le passage soit nécessaire pour l'usage et l'exploitation d'un terrain enclavé. (*Arrêt du 8 juillet 1812.*)

3° Pareille décision pour la servitude imprescriptible, même avant le code, encore que le demandeur allégua une possession annale, commencée avant la publication du code et continuée depuis.

4° La complainte n'est pas admise pour une servitude consistante à jouir sur le terrain d'autrui, d'escaliers et lavoirs, malgré que cette jouissance s'exerce à chaque instant et que les escaliers soient placés d'une manière apparente. (*Arrêt de la même cour du 21 octobre 1807.*)

5° Il n'y a pas lieu encore de se pourvoir possessoirement, pour un droit de puisage. (*Arrêt de la même cour du 23 novembre 1808.*)

6º La possession annale depuis le code civil, d'un droit de servitude négative, ne suffit pas pour autoriser la complainte ou action possessoire en cas de trouble. (*Arrêt de la même cour du* 28 *février* 1814.)

Mais les décisions qui précèdent ne paraissent pas s'appliquer aux servitudes imprescriptibles, quand il y a possession et titre ; ainsi, le trouble dans l'exercice d'un passage qui est de sa nature imprescriptible, donne lieu à l'action possessoire, si la partie allègue à-la-fois une possession annale et un titre qui l'autorise, ou sur le fondement duquel on ait possédé. (*Arrêt de la même cour du* 24 *juillet* 1810.)

Ces distinctions suffisent sans doute pour se fixer sur les exceptions nécessaires, dans l'action en complainte. Remarquons maintenant divers points de jurisprudence sur les cours d'eaux, et sur d'autres objets qui donnent aussi lieu à la même action.

La compétence des juges de paix relativement aux cours d'eaux, ne dépend aucunement de l'état de ces eaux, c'est-à-dire, si elles sont vives ou mortes. (*Arrêt de la cour suprême du* 11 *mai* 1813.)

Un cours d'eau est, de sa nature, susceptible d'une possession caractérisée qui autorise la complainte. (*Arrêts de la même cour, des* 24 *février* 1808 *et* 19 *juin* 1810.)

La possession ou l'usage d'un cours d'eau pendant an et jour autorise la complainte en cas de trouble, si la possession n'a pas été précaire. Or, quand la possession a été fondée sur la loi, ou sur le droit commun, elle n'est pas précaire, pas plus que si elle était fondée sur un contrat d'acquisition ou d'échange. (*Arrêt du premier juin* 1815, *de la cour de cassation.*)

La jouissance d'un pacage sur un terrain appartenant à autrui, peut-elle donner lieu à l'action possessoire dans l'an et jour du trouble? Non; parce qu'elle n'est qu'une possession précaire, et que toute possession qui n'est pas *animo domini*, ne peut autoriser cette action. Jugé affirmativement par arrêt de la même cour, du 1er brumaire an 6.

On n'accorde pas la complainte à un simple fermier, malgré qu'il ne l'intente qu'à l'occasion d'une voie de fait ou trouble, commis par un tiers dans la jouissance donnée par le propriétaire à ce fermier; parce que l'action possessoire ne peut jamais être admise sur une possession précaire à quelque titre que ce soit; il faut absolument avoir possédé *pro suo* pour être admis à l'exercice de la complainte. (*Arrêt de la cour de cassation du* 7 *septembre* 1808.) Telle était d'ailleurs l'ancienne jurisprudence, qui avait toujours exigé que la possession fut *non vi, non clàm, non precariò.*

Mais si, après l'expiration de son bail, un fermier veut continuer sa jouissance, malgré un congé signifié par le propriétaire, celui-ci peut bien agir contre le fermier par action possessoire, parce que la possession indûment conservée est un vrai trouble direct et de fait. (*Arrêt de la même cour, du* 6 *frimaire an* 14.)

Il a été décidé par un juge de paix, que la maintenue devait être accordée au fermier, trouvé par le nouvel acquéreur en possession d'un bien vendu; possession qui était contestée par ce nouvel acquéreur en vertu de son titre; possession d'ailleurs essentiellement précaire. Mais la cour de cassation, par arrêt du 5 pluviose an 11, a justement proscrit un pareil jugement, qui ne tendait à rien moins qu'à l'anéantissement des plus sages principes, en donnant la préférence au titre précaire, sur celui qui transfère la propriété.

Le fermier d'un domaine national, qui tient son bail d'une administration, peut-il être traduit devant le juge de paix par action possessoire, et par le possesseur de la chose louée ou affermée? Jugé affirmativement par la même cour, le 9 septembre 1806. Les motifs de l'arrêt ont été que, la chose étant prescriptible, la complainte a lieu contre l'État même; que d'ailleurs un bail n'est qu'un acte de régie, et non un fait de juridiction administrative.

Examiner les titres d'un demandeur au possessoire, en faire même l'analyse dans le jugement définitif, pour établir si le titre de possession est précaire ou non, ce n'est point de la part du juge de paix cumuler le possessoire avec le pétitoire. (*Arrêt de la cour de cassation du* 12 *fructidor an* 10.)

Un second, un troisième, et un quatrième arrêts de cette cour, ont jugé pareille question de la même manière, les 24 juillet 1810, 25 avril 1811, et 6 juillet 1812.

Le cumul du pétitoire et du possessoire ne vicie les jugements de la justice de paix, qu'autant que ce cumul a lieu dans le dispositif du jugement; peu importe que dans ses motifs, le juge ait embrassé le pétitoire, si au fond il n'a statué que sur le possessoire. (*Arrêt du* 18 *mai* 1813, *cour de cassation.*)

Lorsque devant le juge de paix saisi d'une action en complainte, il s'élève un incident sur la propriété, cette contestation ne doit pas arrêter le jugement du possessoire, pourvu que le juge s'abstienne de prononcer sur le pétitoire, de quelque manière que ce soit. (*Arrêt de la même cour, du* 23 *février* 1814.)

Dans les justices de paix, y a-t-il lieu, en matières possessoires, de former une action en garantie contre celui qui est l'auteur de la voie de fait qui donne lieu à la complainte, sans cumuler par cette seconde action le pétitoire avec le possessoire? Jugé affirmativement par la même cour le 11 janvier 1809. L'action récursoire est, dans tous les cas, une suite nécessaire de la demande principale, fût-elle même dirigée contre le vrai propriétaire de la chose contestée, par le possesseur *animo domini.* Ainsi cette action se règle par les mêmes principes qui régissent la complainte, dont elle est un effet. *Accessorium sequitur naturam rei principalis.*

Par suite d'une action possessoire, et en faisant droit sur la complainte, le juge de paix peut ordonner que des bornes seront plantées pour fixer la ligne de séparation des deux terrains des parties; et ce n'est point en ce cas toucher le pétitoire, c'est au contraire régler l'effet du jugement possessoire. (*Arrêt conforme de la cour de cassation, du 27 avril* 1814.)

PRÉPOSÉS AUX DOUANES, AUX IMPOTS INDIRECTS ET OCTROIS. Ils prêtent serment devant les juges de paix ou devant les tribunaux de première instance, lors de leur installation, et avant qu'ils puissent exercer aucune fonction, à peine de nullité. Il faut en excepter aujourd'hui les préposés des douanes, qui doivent prêter serment devant les seuls tribunaux civils d'arrondissement; cette innovation est introduite par l'article 65 de la loi du 28 avril dernier (1818).

Les procès verbaux de ces employés sont affirmés devant les juges de paix, dans les trois jours de leur date, à peine de nullité. (*Article* 25 *du décret du premier germinal an* 13.) Ces agents doivent être au nombre de deux, au moins, pour verbaliser. Cependant, par une exception unique pour les octrois, un seul préposé peut rapporter procès verbal.

Ces procès verbaux étant revêtus des formes prescrites, font foi en justice, jusqu'à l'inscription de faux, mais seulement dans les cas de saisies, fraudes et contraventions; mais non pour injures dites aux préposés dans l'exercice de leurs fonctions: distinction sage, qui peut arrêter l'effet des petites passions, introduite par deux arrêts de la cour de cassation, des 2 mai 1806 et 11 décembre 1807.

Ainsi la preuve contraire, écrite ou testimoniale, peut être admise contre les procès verbaux des préposés des douanes, des impôts indirects et des octrois, lorsqu'ils ne constatent que des injures à eux dites pendant leurs fonctions. *Voyez* DOUANES, OCTROIS, IMPÔTS INDIRECTS.

La cour de cassation a jugé, le 3 septembre 1807, que les tribunaux de simple police pouvaient connaître des injures faites à des fonctionnaires publics dans l'exercice de leurs fonctions; mais je crois que cette jurisprudence doit cesser d'après les dispositions du nouveau code pénal, qui, par l'article 471, n° 11, n'attribue aux juges de police que la connaissance des injures dites sans provocation, autres que celles prévues depuis l'art. 367 jusques et compris l'art. 378. En second lieu, ce même code inflige la peine d'un mois à deux ans de prison, à ceux qui insultent les magistrats dans l'exercice de leurs fonctions, et l'article 224 prononce une amende de 16 fr. à 200 fr., contre ceux qui insultent les officiers ministériels ou *agents publics*, dans le même exercice, ou à l'occasion de cet exercice. Or ces différentes peines sont toutes correctionnelles; dès-lors il n'appartient pas aux juges de police d'en faire l'application.

On entend par officiers ministériels, les greffiers, notaires, avoués, huissiers; et par agents publics, les gendarmes, les agents de police, les officiers de paix. On établit aussi sur la même ligne les porteurs de contrainte, les préposés des douanes et de l'octroi, les employés de la régie des impôts indirects. Tel fut l'avis des orateurs du gouvernement en proposant le code.

PRESCRIPTIONS. C'est un moyen d'acquérir et de se libérer; mais il est souvent odieux quand il n'est pas de bonne foi. Quatre conditions sont indispensables pour la validité de la prescription: savoir, que la chose soit prescriptible; qu'il n'y ait aucune interruption dans le temps de la prescription; que l'intervalle fixé par la loi soit accompli, et que la bonne foi soit probable, du moins dans celui qui a commencé la prescription.

Elle est par sa nature de droit rigoureux, puisqu'il n'est pas permis aux juges de la suppléer, quand les parties ne l'invoquent pas. C'est le texte de l'article 2223 du code civil, d'après lequel la cour d'Aix l'a jugé affirmativement, par un arrêt du 22 messidor an 13. Mais les parties au contraire peuvent en faire usage jusqu'au jugement définitif, soit en première instance, soit sur l'appel, à moins que celle qui n'aurait pas opposé le moyen de la prescription, ne dût, par les circonstances de la cause, être présumée y avoir renoncé. C'est la lettre de l'article 2224 du même code, et le dispositif d'un arrêt de la cour de cassation, du 6 thermidor an 12. *V.* Denevers, *an* 13, p. 12.

Je dois parler ici des prescriptions en matière de police, et de celles qui ont lieu sur les actions pures personnelles, mobilières et possessoires.

La prescription de trente ans, appelée en droit

præscriptio longi temporis, a lieu notamment contre toute action personnelle qui naît d'une promesse ou d'une obligation écrite. Cette prescription, par sa longue durée, présente une faveur dont les autres ne sont pas entourées ; tellement, que la loi dispense de rapporter aucun titre de cette prescription, et défend même de lui opposer l'exception de la mauvaise foi. (*Art.* 2262 *du Code civil.*)

La cour de cassation l'a jugé de cette manière, par un arrêt du 25 août 1808. Les principes qui ont dicté la loi et l'arrêt, me paraissent pris dans le droit romain, qui faisait respecter la prescription trentenaire comme le gage du repos dans les familles. *Triginta annorum præscriptio humano generi patrona præsidio est.*

On applique aussi la prescription trentenaire aux billets ou autres engagements écrits, dont la valeur n'excède pas la compétence des juges de paix, et qui sont de nature pure personnelle ou mobilière.

La prescription de cinq ans a lieu pour les loyers des maisons, les prix de fermes des biens ruraux, les arrérages de rentes, les pensions alimentaires, les intérêts de sommes prêtées, et généralement tout ce qui est payable par année, ou à des termes périodiques plus courts. Ce sont les dispositions de l'article 2277 du code civil.

On applique plus souvent dans les justices de paix une troisième sorte de prescription, qui s'acquiert par une année ; elle s'opère contre les actions des médecins, chirurgiens et apothicaires, pour leurs visites, opérations et médicaments; contre les huissiers, pour le salaire des actes qu'ils signifient, ou les opérations qu'ils exécutent; contre les marchands, pour les articles qu'ils vendent aux particuliers non marchands; contre les maîtres de pension, pour le prix de la pension de leurs élèves; contre les maîtres et artisans, pour le prix de l'apprentissage; et enfin contre les domestiques qui se louent à l'année, pour le paiement de leurs salaires. (*Art.* 2272, *ibid.*)

Une quatrième espèce de prescription qui a tous les caractères de la précédente, s'applique aussi souvent par les juges de paix; c'est celle qui s'établit par six mois, à l'égard des maîtres ou instituteurs des sciences et des arts, pour les leçons qu'ils donnent au mois; à l'égard des hôteliers et traiteurs, à raison du logement et de la nourriture qu'ils fournissent; et contre les ouvriers ou gens de travail, pour le paiement de leurs journées, fournitures et salaires. (*Art.* 2271.) Mais cette prescription cesse quand le débiteur a reconnu sa dette d'une manière quelconque, parce qu'alors la bonne foi ne peut plus se présumer dans celui qui oppose la prescription. La cour de cassation l'a jugé affirmativement par arrêt du 20 juillet 1808. *V.* Sirey, *an* 1808, *pag.* 263, *sup.*

Il me paraît juste d'appliquer également cette exception aux prescriptions d'une année et de cinq ans; la raison est la même dans les différentes hypothèses, *ubi eadem ratio, ibi et idem jus.*

Voici maintenant les prescriptions établies en police :

« L'action publique et l'action civile pour une contravention de police, seront prescrites après une année révolue, à compter du jour où elle aura été commise, même lorsqu'il y aura eu procès verbal, saisie, instruction ou poursuite, si, dans cet intervalle, il n'est point intervenu de condamnation. S'il y a eu un jugement définitif de première instance, de nature à être attaqué par la voie de l'appel, l'action publique et l'action civile se prescriront après une année révolue, à compter de la notification de l'appel qui en aura été interjeté. » (*Article 640, Code d'instruction criminelle.*)

On voit d'abord que ce texte établit une parité entière entre l'action civile et l'action publique pour la prescription, mais qu'il donne une plus grande facilité au ministère public, que celle qui lui était accordée autrefois. Toute contravention ou délit de police se prescrivait alors par trente jours; ce délai était souvent insuffisant pour instruire la partie publique de la contravention; maintenant il sera difficile qu'elle échappe à sa surveillance pendant une année entière.

L'article 639 du même code d'instruction fixe à deux années le temps nécessaire pour prescrire les peines prononcées par arrêt ou jugement pour des contraventions de police. Cette prescription court, savoir, pour les peines infligées par arrêt ou jugement en dernier ressort, à compter du jour de l'arrêt ou du jugement; et à l'égard des peines prononcées par des jugements rendus en première instance, à compter du jour où le jugement ne peut être attaqué par la voie de l'appel.

Ainsi le condamné à des peines de simple police, après une pareille prescription acquise, ne peut être inquiété ni recherché ; il n'est pas même nécessaire, en cas d'un jugement par défaut, que le condamné se présente pour purger le défaut. La loi défend, au contraire, de l'y admettre. (*Article* 641, *Code d'instruction criminelle.*)

Mais pour les restitutions, indemnités, et autres condamnations civiles prononcées par des jugements de simple police, elles rentrent dans la thèse générale des prescriptions prévues par le code civil, pour les actions civiles ; et comme il y a obligation authentique, la prescription ne peut s'acquérir que par trente ans. *V. l'art.* 642.

Il est d'ailleurs, pour toutes les prescriptions civiles, des règles générales et des causes qui les empêchent ou les interrompent, ou qui en suspendent le cours. On trouvera le plus grand nombre de ces principes dans les chapitres 1, 3 et 4 du titre 20 du code civil, qui sont trop étendus pour les rapporter ici. Cependant, pour remplir mon plan, je donnerai celles de ces règles qui sont le plus souvent appliquées en justice de paix, auxquelles je comparerai la jurisprudence des cours.

Première règle. Ceux qui opposent des prescriptions de 5 ans, de 2 ans, d'un an et de six mois, sont tenus d'affirmer, si leurs adversaires l'exigent, qu'ils ont réellement payé les sommes demandées. Même les veuves, les héritiers et les tuteurs sont tenus de jurer en étant requis, s'ils savent ou ne savent pas que la chose soit due. (*Article* 2275, *Code civil.*) Si la partie à laquelle le serment est déféré refuse de le faire, alors le moyen de la prescription doit être rejeté. Telle était l'ancienne jurisprudence, basée sur l'article 126 de la coutume de Paris.

Seconde. Il est de règle générale que la prescription court contre toutes sortes de personnes, excepté entre époux et contre les mineurs et les interdits. (*Art.* 2251, 2252 *et* 2253, *Code civil.*) *Contra non valentem agere non currit præscriptio.* Un arrêt de la cour de cassation, en confirmant cette régle, a décidé que les empêchements de droit sont toujours une excuse suffisante pour le défaut de poursuites dans les délais de la loi. (*Arrêt du* 13 *avril* 1810.) Cependant la prescription de cinq ans, relative aux rentes, loyers, fermages, intérêts, etc., s'acquiert contre tous sans exception. La loi le prononce d'une manière formelle, sauf le recours des mineurs et interdits contre leurs tuteurs. (*Article* 2278, *Code civil.*)

Troisième. La prescription se compte *de die ad diem*, et non pas *de momento ad momentum*, comme les délais par heure. La raison en est que la prescription est de droit rigoureux.

Quatrième. Des faits naturellement contraires à la prescription, ou des actes judiciaires, en interrompent le cours. Ces principes s'appliquent souvent aux actions possessoires pour lesquelles j'ai écrit deux articles particuliers ; je n'y ajouterai rien ici, si ce n'est que la possession annale n'est qu'une prescription imparfaite, que l'on ne peut pas même dire absolue, parce qu'elle ne confère que la présomption du droit; et la maintenue qu'obtient un possesseur annal cesse aussitôt que l'ancien détenteur prouve son droit au pétitoire, soit par titre, soit par une prescription plus parfaite.

Cinquième. S'il paraît aux juges, par les aveux des parties, ou par des pièces produites, que la bonne foi n'a pas régné dans les prescriptions *brevis temporis*, ils peuvent se dispenser de les admettre, et adjuger la demande du créancier, si d'ailleurs elle leur paraît légitime et justifiée. Mais l'exception de mauvaise foi faite contre les prescriptions de longues années, n'est pas admissible; celles-ci doivent être respectées malgré les vices dont elles seraient atteintes, l'ordre public et le repos des familles le veulent ainsi. Dès-lors, celui qui a acquis une possession de long temps n'est point obligé de dire à celui qui l'attaque, autre chose que, *possideo quia possideo.*

Sixième. Quand il s'agit de prescrire contre un titre authentique ou privé, la prescription ne court pas toujours à compter de la date de l'acte; parce que, s'il est établi un délai pour le paiement de la somme stipulée dans l'obligation, on ne peut prescrire que du jour de l'exigibilité de la somme, *quia scilicet adversùs agere non valentem, non currit præscriptio.* Il en est de même lorsque les engagements sont conditionnels, la prescription ne commence que lorsque l'exécution de la condition est remplie ou exécutée.

Septième. J'ai déjà dit que la prescription ne peut être suppléée par le juge ; c'est une règle de rigueur respectée depuis des siècles, particulièrement pour les prescriptions de six mois, d'un an, de deux ans, qui, en thèse générale, ne forment que de simples présomptions susceptibles d'être détruites par des présomptions plus fortes. (*Arrêt de la cour de Paris du* 19 *thermidor an* 11.)

Il ne faut cependant appliquer cette règle que dans les causes civiles ; car, dans les matières de police, le juge de paix peut *et doit même* suppléer la prescription quand elle n'est pas invoquée par la partie prévenue. Trois arrêts de la cour de cassation l'ont jugé affirmativement les 26 février 1807, 28 janvier et 12 août 1808 ; ces trois arrêts ont cassé ceux rendus par les cours de la Côte-d'Or, du Puy-de-Dôme et de la Haute-Garonne, qui avaient décidé le contraire, c'est-à-dire, que le juge ne pouvait suppléer la prescription dans les matières criminelles ou de police.

Voici quelques causes particulières qui interrompent ou suspendent la prescription :

« La citation en conciliation interrompra la prescription, et fera courir les intérêts ; le tout, pourvu que la demande soit formée *dans le mois*, à dater du jour de la non-comparution ou de la non-conciliation. » (*Art.* 57, *Code de procéd.*)

Cette interruption était établie par la loi du 16 août 1790, article 6, titre 10 : alors il n'y avait pas de terme fixé pour introduire la demande, et la citation en conciliation interrompait seule la prescription, quoique la demande ne fût pas formée dans le mois, et quoique encore elle ne fût faite qu'après le temps acquis pour la prescription. C'est ce qui fut jugé par quatre arrêts successifs, dont deux de la cour de Paris, rendus les 20 ventose an 11 et 13 vendémiaire an 10; les deux autres furent prononcés par la cour de cassation les 12 juillet 1808, et 6 vendémiaire an 11. Dans l'espèce de ce dernier arrêt, la demande n'avait été formée que plus de dix mois après la citation en conciliation. Cependant, dans les dernières années qui ont précédé la publication du code, la cour de Paris avait changé sa jurisprudence et jugeait suivant l'article 57, ci-dessus rapporté.

Mais la prescription n'est pas interrompue par la comparution volontaire des parties au bureau de conciliation. Cette citation n'équipolle pas à une citation suivie d'ajournement. (*Arrêt du* 15 *juillet* 1809, *cour d'appel de Colmar.*)

La demande en compensation formée devant le juge de paix en conciliation par le défendeur, a aussi l'effet d'interrompre la prescription. (*Arrêt de la cour de cassation du* 30 *frimaire an* 11.)

Celui qui excipe de la prescription devant le juge de paix, lorsque la cause n'est encore portée qu'en conciliation, et qui ensuite refuse de comparaître devant les juges ordinaires, est censé renoncer à la prescription dans le sens de l'art. 2224 du code civil. (*Arrêt de la cour d'Aix du* 22 *messidor an* 13.) Mais ce n'est pas y renoncer que de proposer cette prescription après les défenses au fond, parce qu'on peut en exciper en tout état de cause, même *rebus non integris.* (*Arrêt de la cour de cassation du 5 juin* 1810). Ce serait d'ailleurs une violation manifeste de l'article 2224 que je viens de citer.

La prescription annale n'est pas interrompue par la mort du débiteur. (*Arrêt de la même cour du* 29 *octobre* 1810.) Elle court même pendant les trois mois accordés à la veuve pour faire inventaire, et les quarante jours pour délibérer. (*Article* 2259, *Code civil*). Mais elle ne court point à l'égard d'une créance qui dépend d'une condition, jusqu'à ce que la condition arrive; à l'égard d'une action en garantie, jusqu'à ce que l'éviction ait lieu; enfin, à l'égard de l'héritier bénéficiaire pour les créances qu'il a contre la succession. (*Articles* 2257 *et* 2258, *ibidem.*) *V.* ces articles.

Enfin, la prescription annale cesse dès qu'il y a eu des offres réelles; alors il n'y a plus lieu qu'à la prescription trentenaire. (*Arrêt de la cour de Paris du* 20 *juillet* 1808.)

PREUVES. Il en est de plusieurs sortes; celle qui se forme par l'aveu pur et simple d'une partie, est la plus sûre; celle qui résulte d'un engagement écrit, authentique ou privé, dont l'écriture est reconnue, fait loi pour les deux parties; celle qui s'établit sur le témoignage verbal est souvent équivoque ou imparfaite.

L'aveu pur et simple d'un débiteur suffit pour opérer sa condamnation, sans autre considération.

Mais tous les aveux ne produisent pas le même effet. Il en est de conditionnels qui ne donnent souvent que des effets négatifs. *V.* Aveu.

Tous engagements, promesses, ou actes écrits, font preuve nécessaire de ce qu'ils expriment formellement, même de ce qui n'y est exprimé qu'en termes énonciatifs, pourvu que l'énonciation ait un rapport direct à la disposition souscrite ; mais les énonciations étrangères à cette disposition ne servent que d'un commencement de preuve. (*Article* 1320, *Code civil.*)

La preuve testimoniale est celle qui résulte de dépositions unanimes sur un même fait et sur ses circonstances. Un seul témoignage est insuffisant pour former une telle preuve : *testis unus, testis nullus.* Les témoins doivent, d'ailleurs, déposer d'après leur connaissance personnelle, d'après ce qu'ils ont vu ou entendu; autrement, s'ils déposent par ouï-dire, leurs dépositions prennent un caractère vague et ne font pas foi : *testis ex auditu fidem non facit.* Cependant cette maxime ne doit pas s'entendre des choses dont les témoins déposeraient pour les avoir entendu dire au débiteur lui-même, ou au prévenu ; alors les ouï-dire peuvent former des preuves positives.

Les deux premières sortes de preuves peuvent être appliquées à toutes choses licites. Mais il n'en est pas ainsi de la preuve testimoniale ; elle n'est pas admissible, 1° pour tout pacte, convention, promesse ou obligation dont la valeur excède 150 francs. L'ordonnance de 1667 la prohibait même, dès qu'il s'agissait d'un engagement ou d'une chose dont la valeur excédait 100 francs; mais le code civil l'a étendue jusqu'à 150 francs.

Cependant, s'il s'agit de faits particuliers, étrangers à la valeur des conventions litigieuses, comme d'un dépôt, d'une voie de fait, d'un quasi-délit, d'une soustraction d'effets, d'événements de force majeure, etc., la preuve peut toujours en être reçue par témoins, parce qu'il ne s'en fait pas ordinairement d'écrits, et que, sans les témoignages, ils resteraient dans l'incertitude : *facta per testes probantur, pacta verò possunt per scripturam seu per instrumenta probari.* Mais il faut, je le répète, que les faits admis à la preuve ne tendent pas uniquement à prouver la convention contestée, ou sa valeur au-dessus de 150 francs.

Cette prohibition de la preuve testimoniale en matière de conventions, disait de Ferrières, est fondée sur ce qu'il dépend des parties de rédiger leurs pactes par écrit; et par conséquent elles doivent s'imputer de ne l'avoir pas fait. La nouvelle jurisprudence est conforme à l'avis de cet auteur. La cour de cassation a confirmé plusieurs fois cette prohibition : les plus remarquables de ses arrêts sont ceux des 3 prairial an 9, 7 ventose an 11, 17 germinal an 13, et 9 juillet 1806. Le premier de ces arrêts a décidé que la personne qui doit des aliments peut prouver par témoins qu'elle les a fournis, encore qu'il s'agisse de choses excédant 100 fr. Le second a décidé que, lorsque le fait du dépôt n'est pas contesté, la preuve testimoniale peut être admise, encore qu'il s'agisse d'un fait au-dessus de 150 francs, sur le point de savoir quel est l'auteur du dépôt, et qui doit en supporter les frais.

Le commodat, ou simple prêt à usage, n'est pas compris dans la disposition de l'ordonnance de 1667, qui veut qu'il soit dressé acte de toute obligation excédant 100 fr. C'est un fait plutôt qu'une convention. (*Arrêt de la cour de Colmar du* 18 *avril* 1806.) Il faut en dire autant aujourd'hui de l'article 1341 du code civil, qui prescrit la même chose que l'ordonnance pour tout fait excédant 150 francs.

Cet article embrasse les paiements, aussi-bien que les obligations au-dessus de 150 fr. (*Arrêt de la cour de Turin du* 8 *juin* 1812.)

2° La preuve testimoniale est encore inadmissible contre le contenu aux actes, reconnaissances, promesses, billets, jugements, et sur ce qui serait allégué avoir été dit lors, avant ou depuis les actes. (*Même article* 1341, *imité de l'ordonnance de* 1667.)

Cependant cette prohibition ne s'applique point aux faits de fraude ou de simulation, dont les parties elles-mêmes peuvent toujours être autorisées à faire la preuve testimoniale, malgré que la chose excède 150 francs. (*Arrêt de la cour de cassation du* 4 *janvier* 1808.)

Cette cour, le 9 février suivant, en confirmant le même principe, avait cependant jugé que, lorsque les parties elles-mêmes sont admises à la preuve testimoniale de la simulation ou de la fraude, c'est lorsqu'il existe déjà un commencement de preuve par écrit, ou un *aveu* tacite.

Les cours de Paris et de Turin ont au contraire jugé que la simulation ne peut être opposée par les parties elles-mêmes, mais seulement par des tiers, dont l'acte simulé fraude les droits. (*Arrêts des 29 avril 1809, Paris; et 9 juillet 1812, Turin.*)

En général, dans les cas permis, la preuve testimoniale ne doit être admise que lorsque les faits sont pertinents, c'est-à-dire, qu'ils peuvent conduire à la manifestation de la vérité et à la décision de la cause; autrement, ce serait le cas de dire, *nam frustrà probatur, quod probatum nihil revelat. L. ad probat. Cod. de probat.*

Il faut enfin que les faits soient déniés par l'autre partie, sans quoi il serait au moins inutile de vérifier des faits non contestés; d'ailleurs, la simple dénégation de la chose demandée constitue le demandeur dans l'obligation de faire la preuve testimoniale, lorsqu'elle est admissible: *nam cùm facti negantis nulla probatio sit, talis exceptio rejicit onus probandi in adversarium.*

Cependant la preuve testimoniale est facultative pour le juge, malgré que les parties soient contraires en faits, c'est-à-dire, que le juge peut statuer sur le fait contesté sans s'arrêter à la preuve offerte, s'il a, d'ailleurs, des documents suffisants pour fixer son opinion. (*Arrêt de la cour de cassation du 9 novembre 1814.*)

Il ne faut pas croire pour cela que le juge puisse décider d'un fait par la seule connaissance personnelle qu'il en a; il ne peut se dispenser des moyens d'instruction prescrits par la loi, quand il n'a d'autre preuve que sa connaissance personnelle. Jugé affirmativement par la cour de Riom, par arrêt du 3 novembre 1809, ce qui est conforme à l'ancienne jurisprudence.

L'enquête faite devant un juge de paix n'est pas nulle par cela seul que les témoins, au lieu du serment, ont fait une simple promesse de dire vérité. C'est du moins ce qui a été jugé par la cour de cassation le 19 avril 1810; mais cela est contraire aux lois. (*Article* 35, *Code de procédure, imité de la loi d'octobre* 1790 *et de l'ordonnance de* 1667.) Pour connaître le mode d'opérer la preuve testimoniale, *V., pour le civil*, ENQUÊTE; *et pour la police*, PROCÉDURES EN MATIÈRES DE POLICE SIMPLE.

Mais on jouit d'une grande latitude dans ces matières, pour établir une preuve testimoniale. « Toutes contraventions doivent se prouver par procès verbaux, rapports ou témoignages. » Telle était la jurisprudence sous les lois de juillet, d'octobre 1791, et de brumaire an 4. Le code d'instruction criminelle y ajoute la faculté d'entendre comme témoins de très-proches parents, dont l'audition était jadis prohibée, et que l'on reproche maintenant dans les causes civiles même. *V.* REPROCHES, DÉNÉGATION, ENQUÊTE.

PRISE A PARTIE. C'est l'intimation faite à un juge en son propre nom, par une partie, pour réparation du tort qu'elle prétend en avoir reçu par un abus de son autorité.

Nos anciennes ordonnances permettaient la prise à partie dans beaucoup de circonstances;

celle de 1540, article 2, l'autorisait même en cas d'erreur de fait ou de droit, ce qui pouvait exposer journellement les juges aux vengeances et aux passions de ceux qu'ils avaient condamnés. Le droit romain était plus sage ; il ne permettait la prise à partie que dans le cas où le juge avait agi *per fraudem, gratiam, inimicitias, aut sordes, aut dolo malo* (1).

Le nouveau code de procédure réduit à quatre faits la prise à partie : 1° « S'il y a fraude, dol ou concussion, qu'on prétendrait avoir été commis, soit dans le cours de l'instruction, soit lors des jugement ;

2° » Si la prise à partie est expressément prononcée par la loi ;

3° » Si la loi déclare les juges responsables, à peine de dommages-intérêts ;

4° » S'il y a déni de justice. » (*Art.* 505 *du Code de procédure.*)

Les prises à partie contre les juges de paix sont portées à la cour royale dans le ressort de laquelle ils sont. Néanmoins ils ne peuvent être intimés sans une permission préalable de la même cour. Cette dernière disposition a été établie pour d'autres juges, dès 1669, par un arrêt de réglement, qui fut confirmé par un autre du 18 août 1702 ; elle est continuée par l'article 510 du code de procédure.

Cette permission se demande par une requête, sur laquelle une section de la cour royale délibère. Si la demande est rejetée, la partie est

(1) *L. XV, Judex, ff. de Judiciis.*

condamnée en trois cents francs d'amende, sans préjudice des dommages-intérêts. Si, au contraire, elle est admise, elle est signifiée dans les trois jours, au juge pris à partie, lequel est tenu de s'abstenir de la connaissance de la cause pendant la durée du litige, même de celles que les parents en ligne directe ou le conjoint du demandeur pourraient avoir dans son tribunal, jusqu'au jugement définitif, à peine de nullité de ce qui serait fait ou ordonné par le juge pris à partie.

Le jugement définitif se prononce par une autre section de la cour que celle qui a admis la requête; et si le demandeur est débouté, il est condamné à une amende de 300 francs. (*Art.* 511 *à* 516 *du Code de procédure.*)

PROCÉDURES EN MATIÈRES DE POLICE SIMPLE. Ces formes de procéder sont très-sommaires, comme elles l'ont toujours été depuis l'institution des tribunaux de police; le nouveau code d'instruction criminelle y a fait quelques améliorations dont la nécessité était sentie.

La partie publique ou la partie lésée porte sa plainte par une simple citation notifiée par l'huissier du juge de paix qui préside le tribunal de police; elle contient les noms, prénoms et demeures des parties requérantes et prévenues, avec toutes les autres formalités communes aux ajournements. Les motifs de la plainte sont sommairement expliqués dans la citation; les conclusions y sont fixées avec précision et clarté. En tête de la citation, il doit être donné copie du procès-verbal, s'il y en a; enfin la citation ne peut être donnée à un délai moindre de vingt-quatre heures, outre un jour par trois myriamètres, à peine de nullité, tant de la citation que du jugement qui serait rendu par défaut. Tels sont les termes de la loi. On sait que cette nullité doit se proposer avant les défenses au fond, *in limine litis*, et qu'ainsi elle se couvre de plein droit, dès que le prévenu a proposé ses moyens ou ses exceptions. C'est pourquoi la loi ne fait reporter la nullité que sur un jugement par défaut. D'ailleurs elle s'en explique formellement par l'article 146, où elle dit que les nullités seront proposées dès la première audience.

Dans les cas urgents ou extraordinaires, on peut bien assigner un prévenu à un délai moindre de vingt-quatre heures; mais alors il faut en obtenir la permission du juge de paix qui préside le tribunal de police, par une simple cédule que ce magistrat délivre à cet effet.

Dans les cas ordinaires, qui ne requièrent point célérité, les parties peuvent se dispenser de faire donner une citation; il leur est permis de comparaître volontairement devant le juge de paix sur un simple avertissement; mais excepté le cas de comparution volontaire, la citation par le ministère d'huissier est indispensable; le juge doit même s'abstenir de prononcer lorsqu'il n'y a ni comparution respective, ni citation.

J'ai souvent remarqué un vice sensible dans beaucoup de citations. C'est dans la rédaction des conclusions de la partie plaignante, que des huissiers expriment ainsi : « Pour se voir faire dé-

» fenses (*le délinquant*) d'insulter le demandeur...
» ou se voir faire défenses de cueillir et d'enlever
» tels fruits sur la propriété du requérant, etc. »
Cette locution est ridicule, parce que c'est demander ce qui existe. La loi prononce la défense d'insulter, la défense de cueillir des fruits appartenants à autrui, et le juge ne peut réitérer cette défense, mais seulement appliquer les peines établies contre les contrevenants; autrement, il faudrait conclure que le magistrat doit ajouter par son autorité à la force de la loi, tandis que c'est elle qui investit le juge de la sienne. Ainsi un plaignant doit se borner à conclure à ce que le prévenu soit déclaré convaincu de contravention, à raison du fait dont il est question en la plainte, et à ce que, pour réparation, il soit condamné en des restitutions, dommages-intérêts, indemnités et frais, sauf à la partie publique à requérir la peine prononcée par la loi; car le plaignant ne peut conclure à l'application de ces peines.

Avant le jour de l'audience, le juge de police peut, sur la demande de la partie lésée, même sur celle du ministère public, estimer ou faire estimer les dommages ou dégâts faits par les hommes ou les animaux aux fruits, récoltes et champs, dans tous les cas où ces dommages proviennent de faits qui sont réputés contraventions par la loi. Le juge peut, au reste, dans les cas d'urgence, faire tous procès-verbaux et actes nécessaires à l'instruction de la cause avant l'audience.

Ce sont ici des dispositions nouvelles qui remplissent des lacunes qui existaient à cet égard dans les lois de juillet et d'octobre 1791 et de brumaire an 4. Il est souvent résulté des inconvénients fâcheux par les estimations tardives qui se faisaient autrefois. Les dommages se sont fréquemment couverts, du moins en grande partie, par la végétation qui se faisait pendant la durée des contestations; et, lorsque des experts ou le juge se présentaient pour apprécier le dommage, à peine en trouvaient-ils quelques traces; ce qui occasionait une estimation très-modique au préjudice de la partie lésée.

Pour parvenir à l'estimation d'un dégât avant l'audience, la partie lésée ou le commissaire de police porte verbalement sa plainte au juge de paix; car il n'y a point d'instruction écrite devant lui. Il ordonne sur ce simple exposé son transport sur le lieu, à jour et heure fixes, et, pour cet effet, il rend une ordonnance qui, après avoir été enregistrée, est notifiée au défendeur, avec sommation de comparaître lesdits jour et heure sur le lieu du dommage, pour assister à l'estimation qui en sera faite. On déclare au prévenu, par cette notification, qu'il sera procédé et passé outre, tant en son absence qu'en sa présence, à l'opération ordonnée; et, pour simplifier davantage les formes, ce qui est toujours désirable, on peut, par la même notification, citer le prévenu devant le tribunal de police, à sa première audience, dont on désigne le jour, l'heure et le lieu, pour être déclaré convaincu de la contravention dont il est question, en conséquence condamné à payer la valeur des indemnités qui auront été appréciées, sans préjudice de l'application de la peine que la loi détermine, qui sera requise par le ministère public, s'il y a lieu.

On conçoit bien que le terrain sur lequel le dommage a été commis, doit être exactement désigné et confronté, tant par l'ordonnance du juge que par la notification qui s'ensuit, afin que la partie appelée ne puisse se tromper sur l'identité de l'objet.

Si le juge de paix ne pouvait faire par lui-même l'estimation du dommage aussitôt qu'elle lui serait demandée, il nommerait d'office (attendu l'urgence) des experts pour y procéder. Ces experts accepteraient leur commission, feraient le serment prescrit avant d'opérer, et les parties seraient appelées, comme on vient de le dire, pour assister à l'opération, dont le rapport serait rédigé par les experts, qui le disposeraient ensuite au greffe de police. Si les experts ne savaient signer, ou seulement l'un d'eux, ils feraient rédiger leur rapport par le greffier du juge de paix, ainsi qu'il est prescrit par le code de procédure pour les causes civiles.

On ne notifie point au prévenu ce rapport, ni le procès verbal du juge, quand c'est lui qui estime le dommage; la loi ne l'exige pas; mais elle veut qu'il en soit fait lecture à l'audience, après celle de la plainte, des rapports du garde champêtre, du maire ou de l'adjoint, s'il y en a.

Si, à l'audience fixée par la citation ou par la cédule qui abrége le délai, le prévenu ne comparaît pas, il est jugé par défaut; mais il lui reste la faculté de former opposition au jugement dans les trois jours de la signification; sinon il est déchu de cette faculté. L'opposition n'est jamais reçue dans le cas d'un second jugement par défaut.

On peut former cette opposition, ou par une déclaration en réponse au pied de l'acte de notification du jugement, ou par acte notifié dans les trois jours de la signification, outre un jour par trois myriamètres. Dans le premier cas, l'huissier qui notifie le jugement par défaut, ne peut se dispenser de recevoir la déclaration de l'opposant, au pied de son acte même, malgré la loi qui défend de faire deux actes sur une même feuille de papier timbré : il y a ici une exception formelle.

Si, au lieu de former opposition à un jugement par défaut, la partie condamnée préférait de faire appel, elle ne pourrait l'interjeter qu'après l'expiration du délai prescrit pour former l'opposition. C'est un principe de l'ancienne jurisprudence que la loi confirme textuellement; et la cour de cassation l'a jugé affirmativement par arrêt du 10 frimaire an 13. Pour supplément à ce point, *V*. OPPOSITION AUX JUGEMENTS PAR DÉFAUT.

Si au contraire la partie assignée comparaît à l'audience indiquée par la citation, ce qu'elle peut faire par elle-même ou par un fondé de pouvoir, on procède à l'instruction, qui se fait publiquement, à peine de nullité. Voici l'ordre qui s'y observe : Les procès verbaux, s'il y en a, sont lus par le greffier; la plainte l'est ensuite. Les témoins, s'il en a été *amené sans frais*, ou s'il en a été assigné, soit par le ministère public, soit par la partie lésée, sont entendus en présence des parties; mais, auparavant, il leur est donné lecture des pièces sur lesquelles ils doivent déposer.

Après l'audition des témoins, la partie plaignante prend ses conclusions, les explique, discute sur les dépositions, pièces ou procès verbaux. Le prévenu, de son côté, propose ses exceptions ou ses défenses, conteste les dépositions ou les pièces qui lui sont opposées, et demande sa relaxation. Mais, auparavant, le prévenu peut faire entendre des témoins à décharge, dont l'audition a lieu aussitôt que celle des témoins du plaignant est terminée.

Les débats finis, le ministère public résume l'affaire, et donne ses conclusions, soit pour l'absolution du prévenu, soit pour l'application de la peine contre lui. En ce cas, le prévenu peut répondre au ministère public; la loi permet à l'accusé de parler le dernier. Alors le tribunal prononce son jugement dans la même audience, ou au plus tard dans la suivante. Mais dans toutes causes possibles, le juge de police ne peut valablement prononcer qu'après avoir entendu le ministère public, à peine de nullité. (*Arrêt du 3 mars 1814, cour de cassation.*)

J'ai dit, en parlant des témoins produits par l'une ou l'autre partie, *s'il en est amené sans frais*, parce que la loi, par une exception à l'ordre ordinaire, permet aux parties de présenter leurs témoins sans citation. Au reste, de quelque manière que soient appelés ces témoins, ils doivent déclarer leurs noms, prénoms, âges, qualités et demeures ; s'ils sont parents, alliés ou domestiques des parties ; jurer individuellement de déposer vérité et rien que la vérité, sous peine de nullité ; enfin ils sont entendus séparément les uns des autres.

J'ai dit aussi que les parties peuvent se faire représenter devant le tribunal de police par des fondés de pouvoirs. Cette faculté est accordée par le code d'instruction (article 152), sans distinction de personnes ; d'où il suit que c'est une dérogation aux lois précédentes, qui excluaient des tribunaux de paix toutes les personnes attachées à l'ordre judiciaire. Ainsi la jurisprudence des cours, qui avait été constamment contraire aux officiers de justice sur ce point, n'a plus aucune force.

L'orateur du tribunat, en proposant l'article 9 du code de procédure, qui est en harmonie parfaite avec l'article 152 de celui d'instruction criminelle, s'exprima en ces termes : « On avait proposé de défendre aux hommes de loi de se présenter pour les parties. Après avoir approfondi la question, on a reconnu que la proposition ne répondait point dans la pratique à l'idée qu'on s'en était formée dans la théorie. Sans doute il était facile de reconnaître un avoué, mais on ne reconnaîtra pas toujours un particulier que l'avoué lui-même fera paraître avec des instructions particulières. Si la partie n'a confiance que dans son avoué, ne se présentera-t-elle pas devant le juge, comme on l'a vu si souvent, avec un plan de conduite dont elle ne consentira jamais à se départir ?

Et peut-être si cet avoué eût paru, il eût été moins difficile au juge de tout concilier, en lui faisant apercevoir le mérite de ses observations. Enfin si une partie est homme de loi, serait-il juste qu'elle eût pour elle tous les avantages qui peuvent résulter de ses connaissances?

» Toutes ces considérations ont déterminé à n'apporter aucune limite à la confiance des parties, lorsqu'il s'agit de donner des pouvoirs. »

J'ajoute à cela que le décret du 16 février 1807, contenant réglement pour la taxe des dépens, prévoit le cas où un avoué représentera une partie en conciliation devant le juge de paix, et décide qu'il ne lui sera rien dû. Or, puisqu'un officier ministériel peut représenter une partie en conciliation, à plus forte raison le peut-il devant un tribunal de police, qui ne concilie jamais, puisqu'il ne peut qu'appliquer la loi.

Telle est sommairement la forme de procéder dans les tribunaux de police; mais elle n'est pas toujours aussi simple. Il survient souvent dans cette courte instruction divers incidents, qu'il faut diriger par autant de procédures particulières. Je dois entrer dans ces détails, et tracer rapidement ce qui doit être fait sur chaque point.

PREMIER INCIDENT.

Il est de règle générale que tout délit ou contravention doit se prouver par des procès verbaux ou rapports, ou par la preuve testimoniale. Il est de ces procès verbaux qui font foi jusqu'à inscription de faux; ceux-là émanent des fonctionnaires à qui la loi a donné l'autorité de constater les délits, et d'en être crus jusqu'à cette inscription. Il en est d'autres qui peuvent être débattus par des preuves contraires, soit écrites, soit testimoniales. Telles sont les rapports des gardes-champêtres et autres agents.

Si un prévenu offre une preuve testimoniale contre un procès verbal qui a le premier de ces caractères, il y aurait nullité formelle dans l'admission de cette preuve, dans l'enquête qui serait faite en conséquence, et même dans le jugement définitif, s'il était basé sur une telle preuve. Le juge de paix doit donc en ce cas la rejeter, et en même temps ordonner que la partie défendra au fond, soit à la même audience, soit à la suivante au plus tard. Après ces défenses, ou sur le refus de défendre, le juge prononce ce que de droit, sur les conclusions du ministère public.

DEUXIÈME INCIDENT.

Mais si la même preuve contraire était offerte contre un procès verbal de garde-champêtre, ou d'un autre fonctionnaire qui n'a pas le droit d'en être cru jusqu'à inscription de faux, le juge de paix doit l'admettre, si les faits sont pertinents et admissibles; alors il ordonne que, sans nuire ni préjudicier aux droits et moyens des parties, le prévenu fera preuve à la première audience, par écrit ou par témoins, suivant qu'il l'aura offert, des faits contraires à ceux constatés contre lui par le procès verbal; et si ces faits sont en effet prouvés exactement, c'est-à-dire, s'il résulte de la preuve que, le jour et l'heure désignés au procès verbal, le prévenu était dans un autre lieu que celui énoncé, ou que c'est un autre individu qui a commis la contravention, ou qu'enfin les faits sont opposés à ceux constatés, le juge, sans avoir égard au procès verbal, renvoie la partie prévenue de l'action contre elle formée sans dépens.

TROISIÈME INCIDENT.

Lorsque, sur une plainte portée par une simple citation, sans rapport ni procès verbal précédent, les parties sont contraires en faits; par exemple, si un plaignant soutient que le prévenu l'a insulté sans provocation, et que celui-ci dénie le fait, ou que même il avance que c'est lui qui a été insulté, il y a lieu, dans cette hypothèse, de donner acte aux parties des faits par elles respectivement soutenus, et d'ordonner qu'elles en feront preuve, par témoins, à la première audience. Dans tous les cas, que le défendeur allègue des faits contraires, ou qu'il n'en soutienne pas, la preuve à décharge lui est réservée deplein droit.

On ne fait point de procès verbal d'enquête dans un tribunal de police, soit que la cause se juge en première instance, ou qu'elle se juge en dernier ressort. La loi prescrit simplement de tenir note des dépositions des témoins, de leurs noms, prénoms, âge, qualités et demeures, de leurs serments et déclarations; ce qui est fait par le greffier; et le tout est mentionné dans le jugement définitif.

QUATRIÈME INCIDENT.

S'il est fourni des reproches contre un ou plusieurs témoins, ils doivent être jugés sur-le-champ et pendant l'instruction dont ils font partie.

Ni le code de brumaire, ni les lois de juillet et de septembre 1791, n'avaient rien statué sur les reproches contre les témoins, ce qui était une lacune embarrassante, que l'on était obligé de remplir en se servant des formes de la procédure civile. — *L'art.* 156 *du Code d'instruction crimin.* désigne les témoins reprochables, mais il ne contient rien sur le mode d'admission ou de rejet des reproches. Ce silence laisse donc aux juges une certaine liberté dont ils doivent faire usage dans l'esprit de simplicité qui a dicté toutes les procédures de la justice de police. Ainsi, sans joindre les reproches au fond, sans rendre ensuite un jugement sur l'incident, et l'autre sur le principal, il est mieux qu'une seule et même sentence prononce sur le tout. Pour cet effet, dès que les reproches sont proposés, et après avoir entendu sur iceux la partie défenderesse et le témoin lui-même, si le juge les croit fondés, il les déclare valables. Cependant, comme il est de jurisprudence, fondée sur le texte même du code de procédure civile, d'entendre tout témoin reproché, il reçoit sa déposition pour n'y avoir, en jugeant au fond, que tel égard qu'il croira convenable; mais si le reproche est inadmissible, il est rejeté purement et simplement; alors il continue l'instruction de la cause, et, quand elle est terminée, il fait droit sur la plainte, après avoir entendu le ministère public. Cette double décision se réunit facilement dans un même jugement; j'en ai donné le modèle dans mon Commentaire sur la législation de police, page 107. Au surplus, pour savoir les personnes qui peuvent être reprochées valablement, *voyez* REPROCHES.

CINQUIÈME INCIDENT.

Quand un témoin refuse de comparaître sur la première citation qui lui est donnée, comment doit-il y être contraint (1)? La loi veut qu'il le soit par le tribunal de police, qui, à cet effet, prononce, sur les conclusions du ministère public et à la même audience à laquelle le témoin est appelé, un défaut contre lui et l'amende. Mais le texte ne dit point quelle amende sera infligée? Cependant, dès que les juges de police ne peuvent appliquer que le maximum de 15 francs d'amende, celle contre un témoin défaillant ne peut excéder cette somme. Mais ne pourra-t-elle pas être moindre ou graduée suivant les espèces de contraventions? Cette distinction est essentiellement juste : le témoin ne doit pas essuyer une plus forte amende que celle destinée au coupable lui-même. Il faut remarquer d'ailleurs que la loi ne prononce

(1) On ne peut citer comme témoins les princes et princesses du sang royal, les grands dignitaires du royaume, et le ministre de la justice. *Voyez*, pour la manière dont sont reçues, en matières de police, les dépositions de ces grands personnages, les *art.* 510, 511, 512, 513, 514, *etc.*, *du Code d'instruction criminelle.*

que facultativement la peine de l'amende contre le témoin ; le juge est libre sur la nécessité de cette peine. Ainsi, quand il se détermine à l'infliger, il doit être libre aussi d'en fixer la valeur, d'après le silence de la loi, mais suivant la nature de la contravention.

Si le témoin non comparant fait parvenir au tribunal de police, avant ou pendant l'audience, des excuses *légitimes et justifiées*, il n'est pas nécessaire de prononcer l'amende contre lui ; il suffit simplement d'ordonner sa réassignation pour l'audience suivante. Cette réassignation a d'ailleurs lieu dans tous les cas. Cependant, si le témoignage du témoin défaillant n'était pas indispensable pour compléter la preuve à laquelle on procède, et si le ministère public ne demandait contre lui ni amende ni réassignation, il serait inutile de prononcer l'une ou l'autre.

SIXIÈME INCIDENT.

Un témoin qui a refusé de comparaître une première fois, et qui réitère sur une seconde assignation, comment est-il contraint d'obéir à la justice ? La loi présume alors une mauvaise intention dans le témoin récalcitrant, et permet de le contraindre par corps sur les conclusions du ministère public. Cette peine est donc ordonnée par le tribunal de police, qui condamne en outre le témoin aux frais de la réassignation et aux dépens de l'exécution du jugement.

L'article 157 du code d'instruction ne parle cependant que de l'amende ; mais ce silence ne peut faire supporter aux parties des frais frustratoires que l'obstination du témoin occasione. Il est donc juste qu'ils soient à la charge de ce témoin. En matière civile, il en est non-seulement ainsi, mais encore le témoin défaillant est condamné en des dommages-intérêts envers la partie. Cela est plus rigoureusement juste en matière de police, dont l'instruction presque toute verbale n'occasione qu'un seul déplacement aux parties lorsqu'elle est sans incident. D'ailleurs, un témoin deux fois non comparant ne peut imputer qu'à lui seul la contrainte et les frais qu'il éprouve, puisqu'en comparaissant à la réassignation même, il aurait pu proposer des excuses légitimes, se faire décharger des frais et de l'amende, si elle avait été prononcée. (*Article* 158 *du Code d'instruction criminelle.*)

On peut demander dans quelle forme sera faite l'arrestation d'un témoin; si elle aura lieu par un mandat d'amener, ou si elle sera faite par la simple notification du jugement, et à l'instant même. Pour exécuter tout acte qui ordonne l'arrestation d'une personne, il faut : 1° que l'acte exprime formellement le motif de l'arrestation, et la loi en vertu de laquelle elle est ordonnée; 2° que l'acte émane d'un fonctionnaire à qui la loi a formellement donné ce pouvoir; 3° qu'il soit notifié à la personne arrêtée, et qu'il lui en soit laissé copie. Le code d'instruction ajoute à cela que les mandats de comparution, d'amener et de dépôt, seront signés par celui qui les aura décernés et munis de son sceau; que le prévenu y sera désigné le plus clairement qu'il sera possible.

Toutes ces formalités se trouvent remplies par le jugement qui ordonne que le témoin sera contraint par corps, parce qu'on doit y insérer le motif de l'arrestation, le texte de la loi qui la permet, l'autorité qui l'ordonne et qui en a le droit, la signature du magistrat, le sceau de la justice, les nom, prénoms, qualités et demeure du prévenu; enfin, la signification en est faite à personne ou domicile. Ainsi ce jugement suffit avec sa notification pour saisir et arrêter le témoin.

Mais, après son arrestation, où sera-t-il conduit, et combien durera sa détention? Je pense qu'il convient de le faire saisir la veille du jour auquel il doit être entendu, si les localités ou les circonstances le permettent. Alors il est déposé dans la maison d'arrêt, et écroué jusqu'à ce qu'il ait fait sa déposition, après laquelle il est relaxé, sauf le paiement des frais frustratoires et de l'amende, si elle a été prononcée; pour quoi on peut l'écrouer de nouveau.

Mais si les localités ou les circonstances ne permettaient pas que le témoin fût saisi la veille de l'audience, il est alors convenable de le contraindre auparavant. Je ne crois pas cependant qu'on puisse lui faire subir plus de cinq jours d'emprisonnement, parce que tel est le *maximum* de cette peine, qu'il est au pouvoir des juges de police de prononcer.

SEPTIÈME INCIDENT.

S'il arrive que la citation soit donnée à un délai moindre de vingt-quatre heures, outre un jour par trois myriamètres, et si le délai n'a point été abrégé par une cédule du juge, le défendeur peut demander la nullité de cette citation à la première audience, avant toutes exceptions et défenses. Alors le juge, sur la simple vérification de l'inobservation de la loi, prononce la nullité de la citation, et condamne le demandeur aux dépens. Mais cela n'anéantit pas le fond de la plainte; le demandeur peut recommencer par action nouvelle, sans que ses droits en reçoivent préjudice. Cependant, pour que le juge puisse adopter la nullité, il faut qu'elle soit proposée avant toute contestation par le défendeur, autrement elle serait couverte. *V.* NULLITÉ.

HUITIÈME INCIDENT.

« Si le fait ne présente ni délit, ni contravention de police, le tribunal annullera la citation et tout ce qui aura suivi, et statuera, par le même jugement, sur les demandes en dommages-intérêts. » (*Art.* 159 *du Code d'instruction criminelle.*)

La première partie de cette disposition est d'une exécution facile; j'en ai déjà traité à l'article *annulation*, et j'y renvoie le lecteur pour ne pas me répéter inutilement ici. Mais la seconde partie peut fort bien n'être pas entendue avec la même clarté. On peut demander sur quels dommages-intérêts le juge statuera? Sera-ce sur les indemnités réclamées par la partie plaignante ? Mais son action doit être annulée, et en l'annulant, il n'en reste plus aucun point valalable : *quod nullum est, nullum producit effectum.* Il n'est pas possible de croire que le législateur ait voulu tout-à-la-fois, et la proscription d'un acte, et sa validité : *qui de uno dicit, de altero negat.* Autrement ce serait prêter à la loi une contradiction qui ne peut ni ne doit exister. Il est mieux de penser que les dommages-intérêts sur lesquels la loi veut que le juge de police prononce en annulant la procédure, sont ceux que le défendeur illégalement appelé peut demander contre le plaignant qui a présenté mal-à-propos comme contravention, un fait civil ou non défendu.

On objectera peut-être contre cette explication, que, si on n'applique pas de peine pour un fait non qualifié contravention, on peut du moins par même jugement statuer sur les dommages qui sont réclamés par la partie lésée, pour éviter une nouvelle action.

Je répondrais à cela : 1° que, dès que la citation est nulle, il ne peut jamais en résulter aucune suite; 2° que le pouvoir du juge de police de statuer sur des dommages-intérêts, cesse quand il n'existe pas de plainte, ou quand il ne déclare pas le prévenu convaincu de contravention; 3° qu'autrement il faudrait une autorisation formelle au juge de police pour prononcer en pareil cas sur des faits purement civils : or, la loi n'établit pas une telle autorisation.

NEUVIÈME INCIDENT.

« Si le fait est un délit qui emporte une peine correctionnelle ou plus grave, le tribunal de police renvoie les parties devant le procureur du roi. » (*Article* 160 *du Code d'instruction criminelle.*)

On ne sauve point aux parties à se pourvoir devant juges compétents, en pareille hypothèse, parce que les parties seraient libres de poursuivre ou non. Or, dès qu'il y a délit, la poursuite et la punition doivent s'ensuivre. C'est pourquoi le juge, qui devient alors officier de police judiciaire, doit saisir le procureur du roi, qui traduit d'office les prévenus.

Le jugement qui prononce un tel renvoi, doit contenir tout ce que contiendrait un procès verbal qui serait dressé pour constater un délit ou un crime. C'est ici, pour le juge de police, le complément de l'article 29 du code d'instruction, qui ordonne à toute autorité constituée, à tout fonctionnaire ou officier public, de donner de suite au procureur du roi avis des crimes ou délits dont il acquiert la connaissance dans l'exercice de ses fonctions, et de transmettre à ce magistrat tous les renseignements, procès verbaux et actes qui y sont relatifs.

DIXIÈME INCIDENT.

Un même fait peut être contravention dans certain cas et ne pas l'être dans un autre.

L'article 471 du code pénal, n° 13, punit d'une amende depuis un franc jusqu'à cinq francs inclusivement, ceux qui n'étant ni propriétaires, ni usufruitiers, ni locataires, ni fermiers, ni jouissant d'un terrain ou d'un droit de passage, ou qui n'étant ni agents ni préposés d'aucune de ces personnes, seront entrés et auront passé sur ce terrain, ou sur partie de ce terrain, s'il est préparé ou ensemencé.

Le n° 9 de l'article 475 répète ces dispositions pour les terrains chargés de blés en tuyau, de raisins ou autres fruits mûrs, ou près de leur maturité.

Dans ces deux circonstances, si celui qui est traduit devant le juge de police ne prétend pas avoir un droit réel quelconque sur les terrains préparés, ou ensemencés, ou chargés de blés en tuyau, etc., il est certain qu'il y a contravention pour le passage qui lui est imputé; mais s'il soutient au contraire qu'il est fermier, ou propriétaire, ou usufruitier, ou jouissant d'un droit de servitude sur le terrain dans lequel il est entré, et si le plaignant conteste le droit réclamé, le juge de police doit s'abstenir de prononcer sur la prétention incidente, même sur le fond de la plainte. Alors il prononce un sursis à faire droit, *pour un temps déterminé*, pendant lequel il ordonne à celui qui excipe du droit réel, de se pourvoir devant juges compétents, pour faire décider sur ce droit, afin qu'étant réglé il puisse juger en définitive s'il y a ou non contravention.

Si l'excipant laissait passer le délai fixé sans avoir fait ses poursuites devant les juges civils, alors le plaignant pourrait donner suite à sa plainte, et le juge de police, sans avoir cette fois égard à l'exception, prononcerait sur le fond; car il ne faut pas se dissimuler que si cette exception est juste sous plusieurs rapports, elle peut prêter, sous beaucoup d'autres, à la chicane et à l'impunité. Or, le moyen de les faire cesser, est de condamner l'excipant qui ne donne pas suite à son exception dans le temps qui lui est fixé.

RÈGLES GÉNÉRALES SUR LES FORMES DE PROCÉDER EN MATIÈRES DE POLICE.

Première règle. Tout prévenu convaincu de contravention, en est déclaré atteint, et la peine lui est appliquée. Les demandes en dommages-intérêts, restitutions, indemnités, confiscations, sont alors adjugées ou modifiées, suivant qu'il y a lieu.

Deuxième règle. Toute plainte qui n'est pas justifiée par procès verbal, ou par rapport, ou par deux dépositions de témoins, ou par l'aveu du défendeur, doit être rejetée *ipso facto.*

Troisième règle. Celui qui excipe d'une provocation en matière d'injures, ou d'un autre fait tendant à faire excuser la contravention qui lui est imputée, doit en justifier, soit par écrit, soit testimonialement, parce que tout excipant devient demandeur en exception, et à ce titre il est tenu de prouver ce qu'il avance. *Incumbit onus probandi ei qui dicit.*

Quatrième règle. La partie qui succombe est condamnée aux frais, même envers la partie publique. Les dépens sont liquidés par le jugement.

Cinquième règle. Tout jugement définitif de condamnation est motivé, et les termes de la loi appliquée y sont insérés, *à peine de nullité.* Il est fait mention dans ce jugement, s'il est rendu en première instance ou en dernier ressort ; mais il n'est pas nécessaire d'observer ces deux points dans un jugement préparatoire ou interlocutoire. (*Article* 163, *Code d'instruction criminelle.*)

Sixième règle. Les tribunaux de police ne connaissent pas des actes d'exécution de leurs jugements, pas même pour des dommages-intérêts adjugés à la partie civile. C'est ce que la cour de cassation a décidé par arrêt du 27 mars 1807.

Septième règle. Les minutes des jugements sont signées par le juge qui a présidé l'audience, dans les vingt-quatre heures au plus tard, à peine de 25 francs d'amende contre le greffier, *et de prise à partie, s'il y a lieu,* tant contre le greffier que contre le président. Tels sont les termes de la loi. (*Article* 164, *ibid.*)

Huitième règle. Les expéditions des jugements de police doivent, pour être en forme exécutoire, se commencer et se terminer par les formules communes à tous les jugements et arrêts. J'ai déjà donné ces formules. *V. suprà* EXÉCUTION FORCÉE DES JUGEMENTS.

Neuvième règle. Les délais par heures se comptent *de momento ad momentum,* et non *de die ad diem.* Ainsi le délai de vingt-quatre heures, dans lequel les gardes-champêtres et forestiers doivent affirmer leurs procès verbaux, se compte de manière qu'un procès verbal dressé ce jour à sept heures du matin, devra être affirmé demain à la même heure, au plus tard. (*Arrêt de la cour de cassation du* 5 *janvier* 1809; *loi du* 12 *septembre* 1791.)

PROCÈS VERBAUX. Il en est de bien des sortes qui sont dressés par les juges de paix. En général, tous les actes non contentieux que font ces magistrats, s'appellent procès verbaux. Ils en rédigent pour les conseils de famille, avis de parents, émancipations, appositions de scellés, levées de scellés, tutelles, subrogées-tutelles, conciliations ou non-conciliations, transports ou descentes sur les lieux, estimations des dommages et indemnités, enquêtes, et même pour l'instruction des causes dans lesquelles ils doivent prononcer.

Ils dressent aussi des procès verbaux des plaintes et dénonciations qui leur sont faites pour délits ou crimes; de leur transport, en cas de flagrant délit, ou sur la réquisition d'un chef de maison; des visites et perquisitions qu'ils font dans ces deux cas; des interrogatoires et déclarations qui peuvent s'ensuivre; enfin des délits ou crimes qu'ils découvrent dans l'exercice de leurs fonctions.

Comme je traite des formalités qui sont propres à chacun de ces nombreux procès verbaux, par divers articles séparés, appliqués aux matières dans lesquelles ils ont lieu, il serait fastidieux et inutile de se répéter ici. Le lecteur y trouvera tous les éléments que doivent contenir ces actes extrajudiciaires.

J'établirai cependant ici quelques principes généraux : 1° Tout procès verbal d'un juge de paix mérite foi en justice jusqu'à inscription de faux, pour tout ce qu'il contient.

2° Ces procès verbaux n'ont point l'exécution parée ou authentique, quoiqu'ils portent le caractère de l'authenticité sous plus d'un rapport; ils n'ont que la force d'une obligation privée pour les engagements que les parties y ont souscrits. La raison en est simple : c'est que ces conventions ne sont pas l'ouvrage du juge, qui d'ailleurs n'est que le médiateur des parties, tant qu'il ne prononce pas une ordonnance ou jugement; mais dès qu'il décide, sa décision emporte l'exécution *parée* et l'authenticité dans toute leur étendue.

3° Le juge de paix doit être assisté de son greffier, quand il rédige des procès verbaux en matière purement civile. Cependant, pour une apposition de scellés, il peut s'en passer en cas d'absence ou d'urgence, qui existe toujours à cet égard. Un décret rapporté par Guichard, et dont la date manque, l'a décidé ainsi. Au reste, il n'est aucune loi qui prononce la nullité d'un procès verbal fait par un juge sans l'assistance de son greffier. Il est mieux cependant que le juge nomme un commis-greffier temporaire sur l'empêchement de son greffier. (*Arrêt du* 6 *novembre* 1817, *rendu par la cour de cassation, qui a validé l'opération du commis-greffier.*)

4° Tous actes et procès verbaux du juge doivent être faits au lieu où siége le magistrat, excepté les cas fréquents où il est obligé de se transporter sur les lieux.

PROTUTEUR. « Quand le mineur domicilié en France possédera des biens dans les colonies, ou réciproquement, l'administration spéciale de ses biens sera donnée à un protuteur. En ce cas, le tuteur et le protuteur seront indépendants et non responsables l'un envers l'autre pour leur gestion respective. » (*Article 417, Code civil.*)

Ce texte fait assez connaître la qualité, les droits et les devoirs d'un protuteur : c'est un tuteur proprement dit, mais qui ne gère qu'une partie des choses sujettes à la tutelle; dès-lors on trouvera tout ce que le protuteur peut et doit faire, aux articles TUTELLES, TUTEURS, CONSEILS DE FAMILLE.

Il s'est élevé une question singulière sur la nomination du protuteur. Dans le cas où le mineur est placé sous la tutelle de son père ou de sa mère, y a-t-il lieu de lui nommer un protuteur, par cela seul qu'il possède des biens dans une colonie et qu'il est domicilié en France? J'ai vu deux délibérations de conseils de famille le décider affirmativement. Le tribunal de première instance, auquel on demanda l'homologation, l'accorda à la première sur les conclusions du procureur du roi, *nemine contradicente ;* mais il la refusa à la seconde, parce que, *dit-il,* les dispositions de l'article 417 du code civil, institutives de la qualité de protuteur, ne s'appliquent qu'aux tutelles déférées par les conseils de famille et non aux tutelles des pères et mères.

Si ce motif était fondé contre la seconde délibération, portant nomination d'un protuteur, il l'était de même contre la première que le tribunal homologua. Cependant, il y a donc eu contradiction manifeste entre la première et la deuxième décision du tribunal, puisque l'hypothèse était la même. Mais ce serait, selon moi, un bien faible moyen de dire que, parce que l'article 417 est placé dans la série des articles qui composent le titre des tutelles déférées par les conseils de famille, on ne pourrait l'étendre à aucune autre tutelle. Si, en effet, ce titre contient des dispositions générales applicables aux tutelles, sans exception, il faut donc les appliquer à toutes. Or, il suffit d'en lire les dispositions pour demeurer convaincu qu'elles tracent des règles pour tous les conseils de famille et pour toutes les tutelles; tellement que dans celles des ascendants des pères ou des mères, on ne suit pas d'autres formalités, ni d'autres éléments, pour la formation, la tenue, les délibérations et les droits des membres des conseils de famille, que ceux établis dans le même titre où est placé l'article 417. Or, si on devait réputer cet article étranger aux tutelles des ascendants, il faudrait de même, dans ces tutelles, réputer étrangères les formalités qui précèdent ce même article 417. *Qui de uno dicit, de altero negat.*

Alors, plus de règles générales, plus de principes fixés pour les conseils de famille auxquels les tutelles des ascendants sont subordonnées en tant de circonstances; alors, au contraire, tout se pratiquerait arbitrairement.

Mais un autre moyen, plus fondé en apparence, fut celui qui, sur l'appel du jugement de première instance, décida sa confirmation par la cour royale de Poitiers; laquelle, attendu que le père ou la mère jouissent des revenus des biens de leurs enfants jusqu'à leur émancipation ou à leur majorité, déclara qu'il n'y avait pas lieu de nommer un protuteur dans la circonstance. — Il y aurait bien des choses à dire contre cette dernière décision. D'abord, la loi parle en termes généraux pour tout mineur, sans distinguer une tutelle plutôt qu'une autre. En second lieu, la jouissance du père ou de la mère n'est point indépendante des charges ni des formes de la tutelle, ni des autorisations des conseils de famille. Au contraire, la loi leur en impose nommément, et dans beaucoup de circonstances, principalement par les articles 457 et 464 du code civil; dès-lors cette jouissance ne peut avoir lieu qu'à la charge de ces formes; or, la protutelle en est une aussi indispensable que la subrogée tutelle même. En troisième lieu, les pères ou les mères ne seraient point privés de jouir des biens de leurs enfants, par la nomination du protuteur, puisqu'ils auraient contre celui-ci la même action qu'ils ont contre les fermiers régisseurs et débiteurs des autres biens de leurs enfants. J'en dirais davantage contre cet arrêt, si les juges de paix ne devaient, par l'esprit même de leur institution, éviter des controverses, et suivre, autant qu'il se peut, la jurisprudence des tribunaux supérieurs; à moins cependant qu'elle ne porte atteinte à l'ordre même de leurs attributions, qu'ils doivent alors maintenir de tout leur pouvoir.

Q.

QUASI-CONTRATS ET QUASI-DÉLITS.

Les quasi-contrats, appelés en droit CONTRACTUS INNOMINATI, sont des faits volontaires dont il résulte un engagement ou une obligation envers un tiers, et quelquefois des engagements respectifs entre deux parties.

Les quasi-délits sont des faits qui nuisent à autrui, et qui obligent celui qui en est l'auteur à les réparer. Tout homme est tenu de payer le dommage qu'il cause par sa volonté, par sa négligence ou son imprudence, et par le fait des personnes dont il doit répondre, ou des choses dont il est propriétaire ou gardien.

Ces divers engagements se forment par la seule autorité de la loi, ou par les faits mêmes. Il en résulte diverses actions qui sont, en général, ou pures personnelles ou mobilières, et par conséquent dans les attributions des juges de paix.

On classe au rang des quasi-contrats, 1° la gestion faite pour autrui, dont le gérant s'engage par ses seuls faits à rendre compte et à répondre des dommages-intérêts en cas de négligence ou de faute.

2° La restitution d'une chose qui n'était pas due,

et qui, par erreur ou sciemment, a été reçue par celui qui ne devait pas la recevoir.

3° Le paiement fait par une personne qui se croyait débitrice, et qui, dans la vérité, ne l'était pas, donne lieu à répétition contre le prétendu créancier.

4° S'il y a mauvaise foi de la part de celui qui a reçu, il est tenu de restituer tant le capital que les intérêts, ou les frais, du jour de paiement. Mais si la chose indûment reçue est un immeuble ou un meuble corporel, la restitution se fait en nature, quand la chose existe; sinon, suivant sa valeur, avec dommages-intérêts.

5° Si celui qui a reçu de bonne foi la chose sujette à restitution, en a disposé par vente ou autrement, il ne doit que le prix par lui reçu. De son côté, celui auquel se fait la remise doit au possesseur, même de mauvaise foi, compte de toutes les dépenses nécessaires et utiles qui ont été faites pour la conservation de la chose.

A l'égard des quasi-délits, on peut les désigner ensemble, en disant qu'ils embrassent tous les faits de l'homme qui causent des dommages à autrui. Le père en répond pour ses enfants mineurs, la mère, de même, après le décès du mari; les maîtres et les commettants, pour leurs domestiques et préposés; les instituteurs et artisans, pour leurs élèves et apprentis. Cependant, si ces personnes prouvent qu'elles n'ont pu empêcher le fait, elles sont dispensées de la responsabilité; de même, le maître ni l'artisan ne sont pas responsables pour leurs domestiques ou apprentis, des faits qu'ils peuvent commettre hors des occupations ou des travaux auxquels ils les ont employés. La cour de cassation l'a jugé ainsi, par arrêt du 9 juillet 1807. *Voyez l'article* 1384 *du Code civil.*

L'article 74 du code pénal prescrit dans tous les cas de responsabilité civile, autres que ceux énoncés en son article précédent, de suivre les dispositions du code civil, liv. 3, titre 4, chap. 2. *Voyez* PERSONNES RESPONSABLES.

Un mari n'est point responsable pour sa femme des condamnations prononcées contre elle par les juges de paix, pour injures par elle dites à autrui, ainsi que des autres contraventions et délits par elle commis. (*Arrêts des* 6 *juillet* 1811, *portant cassation d'un jugement du tribunal de police de Mareuil;* 13 *mai* 1813, *qui a cassé un autre jugement de la police de Compiègne ; et* 9 *juillet* 1807, *rendu sur le réquisitoire de M. le procureur général de la cour de cassation.*)

Mais lorsqu'une fraude aux impositions indirectes est faite par la femme en la présence et dans la demeure du mari, celui-ci est responsable de la confiscation qui s'ensuit. (*Arrêt de la cour de cassation du* 31 *juillet* 1807, *conforme au texte de l'article* 35 *du décret du* 1er *germinal an* 13.)

Un chef d'atelier encourt-il quelque responsabilité à l'égard des délits commis par ses ouvriers? La cour de cassation l'a décidé affirmativement, c'est-à-dire, que les instruments dont les ouvriers se sont servis pour nuire, sont affectés à l'indemnité du mal commis. (*Arrêt du* 8 *mars* 1811.)

Ceux qui construisent sur la voie publique,

quoique autorisés convenablement, sont responsables des dommages ou accidents qui peuvent avoir lieu par suite de ces constructions, lorsque les précautions convenables n'ont pas été prises. Ainsi décidé par décret du 4 juin 1808.

Les propriétaires qui ont des animaux malfaisants, quoique domestiques, et qui ne prennent pas des mesures convenables pour les retenir, sont responsables des dégâts que ces animaux commettent, et en conséquence, passibles des amendes et réparations civiles qui peuvent s'ensuivre. (*Arrêt de la cour de Paris du* 24 *mai* 1810; *Code civil, article* 1385.) Mais ils ne sont pas responsables des dommages que font ces animaux, lorsqu'ils sont placés sous la garde du pâtre de la commune; c'est ce dernier qui seul est passible des indemnités, frais et amendes. (*Arrêt de la cour de cassation du* 14 *frimaire an* 14.) *V.* Denevers, tome 4, première partie, page 83.

QUESTION DE FAIT, QUESTION DE DROIT. Le jugement qui ne contient pas ces questions est nul. Jugé ainsi par arrêt de la cour suprême, du 4 avril 1808, basé sur la loi du 24 août 1790. *V. l'article* 141 *du Code de procédure civile,* JUGEMENTS, RÉDACTION DES JUGEMENTS.

R.

RÉASSIGNATION. « Il y aura un jour au moins entre celui de la citation et le jour indiqué pour la comparution, si la partie citée est domiciliée dans la distance de trois myriamètres.

» Si elle est domiciliée au-delà de cette distance, il sera ajouté un jour par trois myriamètres.

» Dans le cas où les délais n'auraient point été observés, si le défendeur ne comparaît pas, le juge ordonnera qu'il sera réassigné, et les frais de la première citation seront à la charge du demandeur. » (*Article* 5 *du Code de procédure.*)

Cet article est en partie imité de l'article 7 du titre 1 de la loi des 14 et 18 octobre 1790; cependant, au lieu de trois myriamètres (six lieues), il n'était exigé que quatre lieues de distance, et il devait y avoir au moins trois jours francs entre celui de la notification de la citation et le jour indiqué pour la comparution, si la partie citée était domiciliée dans la distance depuis quatre lieues jusqu'à dix. Il n'était ajouté qu'un jour par chaque dix lieues. Le code en ajoute un par chaque trois myriamètres.

Les dispositions relatives à la réassignation ne sont pas facultatives; la loi se sert au contraire du mot impératif *ordonnera.* Ainsi, toutes les fois que les délais ne sont point observés, le juge ne doit pas manquer d'ordonner une réassignation si le défendeur est défaillant.

RÉCIDIVE. C'est la rechute dans une même contravention. Il y a récidive lorsque, pour un même fait dont le contrevenant est convaincu, il a déjà été condamné une première fois par jugement rendu contre lui dans l'année et par le même tribunal de police. C'est ainsi que la récidive a été définie par le code de brumaire an 4 (1), et qu'elle l'est encore par l'article 483 du nouveau code pénal (2).

On sent aisément que, dans le sens de la loi, il n'y a récidive que lorsque la contravention est de la même nature que la première jugée, et non de la même classe pour la peine : autrement on pourrait dire que celui qui a été condamné pour injures dites sans provocation, est en récidive, parce que, dans l'année, le même tribunal l'a condamné pour avoir négligé d'écheniller dans les campagnes ou jardins, attendu que ces deux faits sont passibles de la même peine; ce qui assurément serait ridicule.

Par une dérogation au code de brumaire, les juges de paix connaissent maintenant de toutes récidives en matière de police; mais ils ne peuvent en décider qu'en première instance : le nouveau code pénal fait revivre, sur ce point, les premières attributions qui leur avaient été faites par la loi de juillet 1791.

Les peines qui s'appliquent dans les cas de ré-

(1) *Art.* 608. « Pour qu'il y ait lieu à une augmentation de peines pour cause de récidive, il faut qu'il y ait eu un premier jugement rendu contre le prévenu, pour *pareil délit*, dans les douze mois précédents, et dans le ressort du tribunal de police. »

(2) *Art.* 483, *Code pénal.* « Il y a récidive dans tous les cas prévus par le présent livre, lorsqu'il a été rendu contre le contrevenant, dans les douze mois précédents, un premier jugement pour contravention commise dans le ressort du même tribunal. »

cidive, varient suivant la nature des contraventions. Trois jours au plus de prison sont prononcés pour les récidives dans toutes contraventions de première classe. Cinq jours d'emprisonnement sont appliqués pour les récidives de 2e et de 3e classe; et pour celles des contraventions réglées par des lois antérieures au dernier code, on suit les dispositions établies par ces différentes lois.

« Dans toutes les matières qui n'ont pas été réglées par le présent code et qui sont régies par des lois et des réglemens particuliers, les cours et les tribunaux continueront de les observer. » (*Article 484, Code pénal.*)

Cependant si, dans ces matières, il se rencontre des faits auxquels il soit appliqué plus de 15 francs d'amende en cas de récidive, les juges de paix peuvent-ils en connaître, malgré que le dernier code n'élève qu'à ce *maximum* de 15 francs les plus fortes amendes de police ? Je réponds affirmativement, parce que, dans ces matières non prévues par le code, le juge ne prononce pas en vertu du code, mais en vertu de lois particulières qui lui ont spécialement attribué la connaissance du fait, auquel dès-lors il applique la peine voulue telle qu'elle est fixée.

Il faut observer qu'en général la peine de prison prononcée pour les récidives, est indépendante des amendes, des dommages-intérêts ou indemnités, et des confiscations. Les articles 474, 478 et 482 du code pénal n'imposent pas aux juges l'obligation de cumuler la peine pécuniaire avec l'emprisonnement. Ils se contentent d'établir que cette dernière peine aura toujours lieu en cas de récidive. Ainsi, c'est à la prudence du juge qu'il est réservé de prononcer à-la-fois et l'amende et la prison contre les contrevenants en récidive, suivant la gravité des circonstances.

Art. 474. « La peine d'emprisonnement contre toutes les personnes mentionnées dans l'art. 471, aura toujours lieu, en cas de récidive, pendant trois jours *au plus.* »

Art. 478. « La peine de l'emprisonnement pendant cinq jours *au plus*, sera toujours prononcée, en cas de récidive, contre toutes les personnes mentionnées dans l'article 475. »

Art. 482. (Peine d'emprisonnement pendant cinq jours, pour ré cidive, pour les faits exprimés dans l'article 479.)

RÉCLAMATION D'EFFETS. Si, pendant le cours d'une levée de scellés, il est réclamé des effets par des tiers, qui prétendent les avoir prêtés ou confiés à la personne décédée, et si les héritiers consentent à la remise, elle est faite sans difficulté; mais s'il y a contestation, le juge de paix renvoie les parties à se pourvoir devant juges compétents.

« Lorsqu'il y aura lieu à l'apposition des scellés, elle sera faite par le juge de paix, qui procédera aussi à leur reconnaissance et levée, *mais sans qu'il puisse connaître des contestations* qui pourront s'élever au sujet de cette reconnaissance.

» Il recevra les délibérations de famille pour la nomination des tuteurs, pour, etc., etc., *à charge de renvoyer devant les juges de district* la connaissance de tout ce qui deviendra contentieux dans le cours ou par suite des délibérations ci-dessus. » (*Art.* 11 *du titre* 3 *de la loi des* 16 *et* 24 *août* 1790.)

Il est nécessaire, en cas de contestation sur la remise des effets réclamés, d'en faire la description; ce qui se fait sur le procès verbal des scellés, et non sur l'inventaire. La raison en est qu'un inventaire étant, pour ainsi dire, le bilan d'une succession, il ne doit pas contenir des choses étrangères. Telle était l'ancienne jurisprudence, que l'art. 939 du code de procédure a confirmée. Voici le texte de cet article :

« S'il est trouvé des objets et papiers étrangers à la succession, et réclamés par des tiers, ils seront remis à qui il appartiendra; s'ils ne peuvent être remis à l'instant, et qu'il soit nécessaire d'en faire la description, elle sera faite sur le procès verbal des scellés, et non sur l'inventaire. » *V.*, au surplus, *la Collection de jurisprudence.*

RÉCUSATION DES JUGES DE PAIX. C'est un moyen accordé aux parties pour être jugées par un autre magistrat que celui qui doit naturellement prononcer. La récusation peut se proposer en toutes matières civiles, de police et extrajudiciaires, *quia omnem veritatis rationem judex omittere solet occupatus affectibus, et corruptus judex nescit discernere verum.* Mais on ne peut pas récuser un juge pour des causes légères.

La loi d'octobre 1790 avait restreint à deux

cas seulement la récusation des juges de paix : 1° s'ils avaient un intérêt personnel à la cause ; 2° s'il étaient parents ou alliés de l'une des parties jusqu'au degré de cousin issu de germain. Cela renfermait dans un cercle trop étroit les motifs de la récusation ; aussi le nouveau code de procédure (*article* 44), en confirmant les deux cas dont je viens de parler, en établit trois autres qui sont, 1° si, dans l'année qui a précédé la récusation, il y a eu procès criminel entre le juge et l'une des parties, ou son conjoint, ou ses parents et alliés en ligne directe ; 2° s'il y a procès civil existant entre le juge et l'une des parties, ou son conjoint ; 3° si le juge de paix a donné un avis *écrit* dans l'affaire.

La loi ayant consacré un titre particulier (1) pour les récusations des juges de paix, il est évident qu'on ne doit admettre à leur égard que celles établies par ce titre. Cependant l'article 378 du code de procédure, en établissant une série bien plus étendue de causes de récusations pour les tribunaux ordinaires, se sert de ces expressions : « *Tout juge* pourra être récusé pour les causes ci-après. » Donc on pourrait conclure que les juges de paix y sont compris ; mais alors il faudrait renoncer au titre spécial à ces magistrats pour leur appliquer l'article 378 ; il faudrait encore renoncer au mode particulier établi pour eux seuls, de juger leurs récusations, et suivre au contraire les formes pres-

(1) Le titre 9 du code de procédure, articles 44, 45, 46 et 47.

crites pour celles des autres juges; ce qui ne peut ni ne doit se faire. Mais, quoique j'estime que le titre des récusations particulier aux juges de paix, doit seul être suivi envers eux par les parties récusantes, je pense aussi qu'ils doivent s'abstenir de juger, lorsqu'ils connaissent en leurs personnes d'autres causes de récusations, notamment l'une de celles comprises dans l'article 378. Je fonde cette opinion sur la délicatesse propre à ces juges, sur l'esprit des anciennes ordonnances (1), et même sur la lettre de l'article 380 du code de procédure, dont je dois donner le texte, ainsi que du 378e.

« *Tout juge* peut être récusé pour les causes ci-après :

» 1° S'il est parent ou allié des parties, ou de l'une d'elles, jusqu'au degré de cousin issu de germain inclusivement.

» 2° Si la femme du juge est parente ou alliée de l'une des parties, ou si le juge est parent ou allié de la femme d'une des parties, au degré ci-dessus, lorsque la femme est vivante, ou qu'étant décédée il en existe des enfants : si elle est décédée et qu'il n'y ait point d'enfants, le beau-père, le gendre ni les beaux-frères ne pourront être juges.

» 3° Si le juge, sa femme, leurs ascendants et descendants, ou alliés dans la même ligne, ont

(1) *V. les Ordonnances de* 1539, *art.* 10 ; *de Roussillon*, *art.* 12 ; *de Blois*, *art.* 118 ; *et de* 1667, *titre* 24, avec les notes de Bornier.

un différend sur pareille question que celle dont il s'agit entre les parties.

» 4° S'ils ont un procès en leur nom dans un tribunal où l'une des parties sera juge ; s'ils sont créanciers ou débiteurs d'une des parties.

» 5° Si, dans les cinq ans qui ont précédé la récusation, il y a eu procès criminel entre eux et l'une des parties, ou son conjoint, ou ses parents ou alliés en ligne directe.

» 6° S'il y a procès civil entre le juge, sa femme, leurs ascendants et descendants, ou alliés dans la même ligne, et l'une des parties, et que ce procès, s'il a été intenté par la partie, l'ait été avant l'instance dans laquelle la récusation est proposée ; si ce procès étant terminé, il ne l'a été que dans les six mois précédant la récusation.

» 7° Si le juge est tuteur, subrogé tuteur, ou curateur, héritier présomptif ou donataire, maître ou commensal de l'une des parties ; s'il est administrateur de quelque établissement, société ou direction, partie dans la cause; si l'une des parties est sa présomptive héritière.

» 8° Si le juge a donné conseil, plaidé ou écrit sur le différend ; s'il en a précédemment connu comme juge ou comme arbitre ; s'il a sollicité, recommandé ou fourni aux frais du procès ; s'il a déposé comme témoin ; si, depuis le commencement du procès, il a bu ou mangé avec l'une ou l'autre des parties dans leur maison, ou reçu d'elle des présents.

» 9° S'il y a inimitié capitale entre lui et l'une des parties ; s'il y a eu, de sa part, agression, injures ou menaces, verbalement ou par écrit, depuis l'instance ou pendant les six mois précédant la récusation proposée. » (*Article* 378.)

« Tout juge qui saura cause de récusation en sa personne, sera tenu de la déclarer à la chambre, qui décidera s'il doit s'abstenir. » (*Article* 380.)

La récusation étant un acte déclinatoire, doit être proposée avant la contestation de la cause, suivant la loi *apertissimi, Cod. de Judic.*, à moins que le motif de la récusation ne survienne après la contestation commencée; auquel cas elle peut être prononcée en tout état de cause.

On récuse un juge de paix, par acte du premier huissier requis. Cet acte est notifié au greffier, qui en vise l'original. L'acte contient les motifs de la récusasion; il est signé sur l'original et sur la copie, par la partie ou son fondé de pouvoir spécial. La copie est communiquée de suite au juge par le greffier.

Dans les deux jours de cette communication, le juge de paix récusé donne au pied de l'acte de récusation, sa réponse portant son acquiescement ou son refus de s'abstenir, avec ses motifs. —Trois autres jours après ce refus, ou faute par le juge de répondre à la récusation, le greffier adresse copie de cette pièce, avec celle de la réponse du juge, s'il y en a, au procureur du roi près le tribunal de première instance, dans le ressort duquel la justice de paix est située, lequel fait décider, dans la huitaine suivante, sur la récusation, par son tribunal, qui prononce en dernier ressort. (*Articles* 45 *à* 47, *Code de procédure.*)

Ces différentes formalités sont celles qu'avait déjà établies la loi d'octobre 1790. Mais elles sont inutiles à observer lorsque le juge récusé consent à s'abstenir ; alors, sans autres actes que la récusation et le consentement du juge, son premier suppléant est appelé pour juger la cause.

Aucun juge de paix ne peut statuer sur une récusation proposée contre lui-même. Jugé affirmativement par arrêt du 30 novembre 1809. La loi le prononce d'ailleurs impérativement, à moins qu'il ne décidât de s'abstenir.

Un juge de paix jugeant en tribunal de police, peut-il passer outre sur une récusation qui lui est adressée en face ? Non ; il doit suspendre au contraire toute décision, jusqu'à ce que le tribunal de première instance ait statué sur la récusation. (*Arrêt du 15 février 1811, rendu par la cour de cassation.*)

Dans l'espèce de cet arrêt, le juge de paix de Granges, dont la décision fut cassée, avait cependant transmis la récusation au procureur du roi, qui la lui avait renvoyée, en lui disant qu'il ne devait pas y avoir égard. Mais il n'appartient pas au ministère public de statuer sur les récusations ; il n'a que le droit d'y donner des conclusions, et c'est le tribunal qui doit seul prononcer. (*Article 47, Code de procédure.*)

Doit-on regarder comme intéressé dans une cause personnelle à un bureau de bienfaisance, le juge de paix qui en est le président ; et par ce motif, ce juge peut-il être récusé ? Décidé négativement par arrêt du 21 avril 1812, cour de cassation.

RÉDACTION DES JUGEMENTS. *V.* JUGEMENTS.

REDDITION DES COMPTES DE LA TUTELLE. Toutes actions relatives au compte de la tutelle des mineurs devenus majeurs ou émancipés, ne sont pas de la compétence des juges de paix, quoiqu'elles paraissent au premier aspect des actions pures personnelles et mobilières.

D'abord, les lois n'accordent généralement aux juges de paix en matière de tutelles, que des attributions non contentieuses, des actes extrajudiciaires, et des mesures conservatoires ou de surveillance; mais nulle part il n'est accordé à ces magistrats une compétence non contentieuse sur les tutelles.

En second lieu, les comptes de tutelles, dès qu'il y a gestion immobilière, peuvent présenter des actions mixtes, expressément interdites aux juges de paix, par l'article 59 du code de procédure; et quoique l'article 527 de ce code dise que les comptables commis par justice, seront poursuivis devant les juges qui les auront commis, et les tuteurs, devant les juges du lieu où la tutelle a été déférée, il ne faut pas voir dans ce texte une attribution du contentieux au juge de paix. Autre chose est, du juge qui confère la tutelle, et de celui du lieu où elle est conférée; parce que ce n'est pas comme juge contentieux qu'un magistrat de paix nomme, proclame, ou institue un tuteur élu par un conseil de famille, mais bien comme président de ce conseil : qualité qui ne lui donne d'autre droit ou prérogative, que celle d'avoir la police de l'assemblée, et un vote prépondérant.

Ajoutons à cela que le titre 4 du livre 5 du code de procédure, prescrit, pour la reddition des comptes de tutelle, des formes qui peuvent être remplies uniquement dans les tribunaux ordinaires. Enfin la communication au ministère public qui a nécessairement lieu dans ces actions, serait impossible dans les justices de paix, où il n'y a pas de ministère public au civil.

Ainsi, quand même un demandeur en reddition de compte de tutelle se restreindrait à 100 francs pour tout reliquat, son action ne pourrait être valablement portée devant un juge de paix, quoique j'aie vu pratiquer fort mal-à-propos le contraire. On ne peut même demander à ce magistrat, sur comparution volontaire, la décision d'une pareille contestation, sur laquelle d'ailleurs la voie ordinaire de l'arbitrage est interdite, puisqu'on ne peut compromettre dans les causes sujettes à communication au ministère public. (*Article* 1004, *Code de procédure.*)

RÉFÉRÉ. C'est le rapport fait au juge d'un incident qui s'est élevé dans le cours d'une opération judiciaire, et sur lequel il y a célérité de décider. Les référés sont vidés sommairement par le président du tribunal de première instance, qui seul en connaît, ou, en son absence, par le juge qui le remplace.

Deux référés s'ordonnent par les juges de paix. Le premier est celui qui a lieu sur une opposition à scellé ou sur d'autres difficultés, et en cas de portes fermées, pendant ou avant l'apposition du scellé. Le second référé a lieu dans le cours de la levée des scellés, sur des contestations qui s'élèvent entre les héritiers ou les créanciers, les légataires et autres intéressés dans la succession dont il est alors question.

Dans la première hypothèse, le référé n'est ordonné par le juge de paix qu'après avoir passé outre à l'apposition des scellés auxquels on s'oppose, parce qu'il y a toujours du danger à différer de telles opérations. La loi le reconnaît tellement ainsi, qu'elle prononce impérativement que le juge de paix, lorsqu'il ne se décide pas à passer outre, établit garnison intérieure et même extérieure dans la maison où il s'agit d'apposer les scellés: or, cette mesure est plus rigoureuse que celle de l'apposition même.

« Si les portes sont fermées, s'il se rencontre des obstacles à l'apposition des scellés, s'il s'élève, soit avant, soit pendant le scellé, des difficultés, il y sera statué en référé par le président du tribunal. A cet effet, il sera sursis et établi par le juge de paix garnison extérieure, même intérieure si le cas y échet; et il en référera sur-le-champ au président du tribunal.

» Pourra néanmoins le juge de paix, s'il y a péril dans le retard, statuer par provision, sauf à en référer ensuite au président du tribunal. » (*Ar-*

ticle 921, *Code de procédure.*) *V.* SCELLÉS, PORTES FERMÉES, *et l'article* 587, *même Code.*

Mais dans la seconde espèce de référé, c'est-à-dire, celle qui a lieu pendant la levée du scellé, le juge de paix ne peut se permettre, dans aucun cas, de passer outre, ni même de statuer provisoirement, parce qu'alors il n'y a point de péril dans la demeure : les scellés qu'il s'agit de lever peuvent rester apposés sans inconvénient quelques jours de plus. D'ailleurs, la loi ne donne aucun droit de prononcer au juge de paix dans cette circonstance ; il doit donc ordonner le référé aussitôt que l'incident est élevé.

« Dans tous les cas où il est référé par le juge de paix au président de première instance, soit en matière de scellé, soit en autre matière, ce qui est fait et ordonné se constate sur le procès verbal dressé par le juge de paix. Le président signe ses ordonnances sur ledit procès verbal. » (*Article* 922, *Code de procédure.*)

J'ai parlé ci-devant de l'arrestation d'un débiteur (1) dans sa propre maison, en vertu d'ordonnance d'un juge de paix, rendue d'après un jugement définitif et exécutoire ; je dois ajouter ici que cette arrestation peut donner lieu a un référé.

« Si le débiteur requiert qu'il en soit référé, il sera conduit sur-le-champ devant le président du tribunal de première instance du lieu où l'ar-

(1) *V.* ARRESTATION D'UN DÉBITEUR. (*Art.* 781 *du Code de procédure.*)

restation aura été faite, lequel statuera en état de référé : si l'arrestation est faite hors des heures de l'audience, le débiteur sera conduit chez le président. » (*Article 786, même Code.*)

Ces dispositions sont absolument conformes à l'ancienne jurisprudence, d'après laquelle l'huissier porteur de pièces qui refusait le référé, pouvait être poursuivi pour crime de détention arbitraire. Maintenant c'est aux juges de paix à prononcer le référé et à le faire exécuter, malgré qu'il y ait opposition de la partie poursuivante ou de son huissier. Un tel référé ne peut jamais être refusé par le juge de paix.

« L'ordonnance sur référé sera consignée sur le procès verbal de l'huissier, et sera exécutée sur-le-champ. » (*Article 787, même Code.*)

« A défaut d'observation des formalités ci-dessus prescrites, le débiteur pourra demander la nullité de l'emprisonnement, etc. » (*Art.* 794, *ibid.*)

C'est encore sur le procès verbal de l'huissier que le juge de paix consigne tout ce qu'il fait, et ordonne dans cette hypothèse.

On demande si, pour l'exécution de l'art. 781 du code de procédure, on ne pourrait pas traduire en référé un juge de paix qui refuserait de rendre l'ordonnance qui doit précéder l'arrestation d'un débiteur dans son domicile. Non sans doute. Tout référé relatif aux fonctions de juge de paix, ne peut être ordonné que par lui-même. On ne peut jamais, d'ailleurs, appeler un magistrat en sa qualité, qu'après en avoir obtenu l'autorisation de la cour royale, pour quelque motif que ce soit. Enfin, nous ne sommes plus aux 14e et 15e siècles, pendant lesquels on anticipait les juges sur les appels de leurs jugements et ordonnances, pour qu'ils les défendissent eux-mêmes. Comment donc obliger le juge de paix à exécuter l'art. 781? Rien de plus simple. Ou il répondra la requête qui lui sera présentée, ou il refusera de la répondre; s'il refuse de décider, on procède à son égard comme au cas de déni de justice, en lui faisant les deux réquisitions prescrites par l'article 507 du même code, après lesquelles on demande la prise à partie. Si, au contraire, il répond la requête, mais déclare qu'il n'y a lieu à ordonner l'arrestation du débiteur, on interjette appel devant le tribunal de première instance, par simple requête, qui est communiquée au procureur du roi, et sur laquelle le tribunal prononce sur l'appel.

Le sort d'un tel appel ne me paraît pas douteux; il doit être accueilli, et l'ordonnance du juge de paix infirmée; alors il est *forcé* d'ordonner l'arrestation à domicile, ou plutôt le tribunal d'appel l'ordonne, avec injonction au juge d'assister l'huissier.

Je fonde mon opinion sur la nature des choses et sur la loi même.

Le texte de l'article 781 du code de procédure n'est point facultatif, il est, au contraire, impératif; il ne laisse pas au juge de paix à décider s'il y a lieu ou non à l'arrestation du débiteur; car cette arrestation est déjà prononcée par le jugement qui condamne le débiteur ; il ne reste donc plus qu'à décider sur le mode de cette arrestation, et c'est ce que dit la loi elle-même. Or, si la contrainte par corps est jugée, peut-elle être rendue illusoire par les officiers mêmes qui sont chargés de l'exécuter ? Qui veut la fin, veut les moyens. Il n'est que trop évident que le juge de paix concourt à cette exécution ; il ne peut donc la refuser, sans résister à la loi et aux devoirs rigoureux qu'elle lui impose.

C'est ainsi que pensait le conseil d'état, dont l'orateur, en proposant aux chambres l'art. 781, s'exprime ainsi :

« Par cette mesure, le principe de l'inviolabilité du domicile est assuré ; les abus criants du principe contraire sont écartés, et cependant la loi qui a établi la contrainte par corps *cesse d'être une illusion, puisque le jugement reçoit son exécution sans trouble* (par l'ordre nécessaire du magistrat). *Ainsi, les créanciers ni les huissiers n'ont plus besoin de recourir à des violences qui étaient souvent suivies d'accidents funestes.* »

Ce passage ne souffre pas de commentaire ; il place évidemment le juge de paix dans la nécessité de concourir à l'exécution de la contrainte par corps.

Ajoutons à cela que nulle autorité n'a le droit d'empêcher l'exécution des jugements passés en force de chose jugée, même simplement exécutoires. Tous dépositaires de l'autorité publique doivent, au contraire, faire respecter cette exécution par tous les moyens que la loi a mis en leur pouvoir. Voilà une règle fondamentale sur laquelle repose l'ordre des juridictions, et même l'ordre social.

J'ai déjà dit que tous les référés des juges de paix s'introduisent par leur seule ordonnance; elle contient en même temps citation aux parties à comparaître aux jour et heure indiqués devant le président du tribunal de première instance dans son hôtel ou au palais de justice. Alors, sans autre acte de procédure, le référé est vidé sur le rapport de la contestation qui est faite par le juge de paix, parties présentes ou non. Défaut est donné contre les non-comparants.

Les ordonnances sur référé sont exécutoires par provision, nonobstant appel, et sans donner caution, si le président ne l'ordonne; elles ne sont pas susceptibles d'oppositions. (*Art.* 809 *du Code de procédure*. Voyez cet article en entier.) Telle était l'ancienne jurisprudence, notamment celle du Châtelet de Paris.

Pour le complément de cet article, *voyez* LEVÉE DES SCELLÉS, PORTES FERMÉES, INVENTAIRE APRÈS DÉCÈS, INVENTAIRE SUR FAILLITE.

REGISTRES. Les juges de paix cotent et paraphent différents livres et registres : 1° celui qui sert de feuille d'audience ou de plumitif de leurs justices; 2° les répertoires de leurs huissiers et greffiers; 3° ceux qui servent aux préposés et receveurs de douanes (*articles* 27 *et* 28 *de la loi du* 22 *août* 1791); 4° les portatifs et autres journaux des employés dans l'administration des impôts indirects ; 5° ceux des directeurs des messageries; 6° ceux des débitants de boissons pour recevoir les exercices des employés.

Les registres des marchands étaient jadis regardés comme une semi-preuve en leur faveur ; mais ils ne peuvent faire maintenant preuve que contre eux dans les matières civiles. Cependant, on ne peut diviser les déclarations ou les reconnaissances qu'ils contiennent ; celui qui en veut tirer avantage ne peut en adopter une partie pour en rejeter l'autre. (*Article* 1330 *du Code civil.*)

Il en est de même des registres et papiers domestiques de toute autre personne, qui ne font point titres pour celle qui les a écrits, mais qui obligent positivement lorsqu'ils énoncent des conventions, promesses ou créances en faveur des tiers.

Ainsi on ne justifie point une demande par la représentation du journal ou registre de la partie demanderesse. Le juge ne peut adopter un pareil titre, même en déférant le serment à celui qui a écrit le livre ; ce serait le rendre doublement juge dans sa propre cause. Cependant, si l'auteur du livre représenté était décédé, les choses mentionnées sur ce livre auraient alors certain degré de confiance qu'elles n'auraient pas eu pendant son vivant ; et si les héritiers réunissaient au texte du livre quelque autre commencement de preuve, soit testimoniale, soit par écrit, j'estime que ce serait le cas de leur déférer le serment.

Quoique la législation de commerce soit en général étrangère aux juges de paix, je crois devoir observer qu'elle est contraire à ce que je viens de dire. Les livres des marchands et négociants font souvent foi pour eux et contre eux. Le code de commerce, article 12, décide positivement que ces livres, lorsqu'ils seront régulièrement tenus, peuvent être admis par les juges pour faire preuve entre commerçants pour faits de commerce. Telle était aussi l'ancienne jurisprudence commerciale, née de l'ordonnance de 1673 et autres réglements précédents.

Lorsque des registres publics sont perdus, la preuve s'en fait tant par titres que par témoins. (*Article 46, Code civil.*) Cette disposition a éprouvé des variations sensibles. D'un côté, les juges de paix sont autorisés à suppléer ces registres par des actes de notoriété, quand il s'agit d'actes de naissance non rapportés; d'un autre côté, on leur refuse dans quelques tribunaux le droit de suppléer les registres perdus quand il s'agit de décès, comme si le droit de constater un même fait ne produisait pas des conséquences égales dans diverses circonstances; comme si encore les actes de notoriété n'étaient pas de véritables preuves testimoniales autorisées par la loi dans les cas extraordinaires. On paraît se fonder sur un arrêt de la cour de cassation du 12 mars 1807, qui a décidé que la preuve par témoins pouvait être admise pour justifier un décès, lorsqu'il est accompagné de circonstances extraordinaires et qu'il n'y a point de danger à faire une telle preuve. Mais cette décision est conforme à l'esprit de la loi, qui n'autorise cette preuve que dans le cas de la perte des registres publics. Deux autres arrêts des 7 ventose an 11 et 17 février 1807, rendus par la même cour, enfin un avis du conseil d'état du 12 germinal an 13, ont aussi décidé que la preuve testimoniale ne pouvait être admise pour établir le décès en thèse générale.

Il paraîtrait donc naturel de conclure que, dans les cas extraordinaires ou de force majeure qui produisent la perte des registres publics, les juges de paix pourraient constater ces faits aussi bien lorsqu'il s'agit d'un décès, que lorsqu'il s'agit d'une naissance. Il y a de l'extraordinaire pour l'un et pour l'autre, et il paraît y avoir égalité de droit et de raison. Mais on peut opposer à cela une règle fondamentale, c'est que les juges de paix n'étant pas, sous plusieurs rapports, des juges ordinaires, ils ne peuvent connaître ni opérer que sur des choses qui leur sont nommément attribuées. Or, la loi ne leur confère que le droit de faire des actes de notoriété pour ceux des naissances dont les registres sont perdus, mais elle ne leur donne pas ce droit en cas de non-justification des décès. D'ailleurs une ordonnance royale et une loi même viennent d'établir des mesures différentes pour constater les décès des militaires, à l'égard desquels les cas extraordinaires se sont le plus souvent présentés. Il est donc convenable que les juges de paix ne reçoivent pas d'actes de notoriété pour établir l'existence des décès dont les registres sont égarés ou détruits.

RÉGLEMENT DE JUGES. *Voy.* CONFLIT.

RÉGLEMENTS DE PETITE VOIRIE. Le refus d'y obéir est classé au rang des contraventions, et puni comme tel. *Voy.* CONTRAVENTIONS DE 1re CLASSE.

RÉHABILITATION. On sait que tout condamné à une peine afflictive ou infamante, qui a subi sa peine, peut être réhabilité, sous les conditions et les formalités prescrites par les articles 619 et suivants du code d'instruction criminelle.

Les juges de paix participent à ces formalités, c'est-à-dire, qu'ils approuvent les attestations de bonne conduite que le condamné libéré a obtenues de la municipalité et du conseil municipal du lieu de sa résidence. Cette approbation n'est point une vaine formalité, et le juge de paix peut l'accorder ou la refuser, suivant que la conscience le lui permet.

RÉPARATIONS LOCATIVES. Ce sont celles dont le locataire ou le fermier est tenu, pendant le cours de son bail et à sa sortie, des lieux loués ou affermés.

La législation sur ce point a été établie autant par des lois particulières que par des usages locaux. Ces usages doivent encore être respectés pour tout ce qui n'est pas prévu par le code civil, qui l'ordonne ainsi. Cependant, par l'article 1754, ce code donne de grands détails sur les réparations locatives. Il est convenable d'en rapporter ici le texte.

« Les réparations locatives ou de menu entretien, sont celles à faire aux âtres, contre-cœurs, chambranles et tablettes de cheminées;

» Au recrépiment du bas des murailles des appartements et autres lieux d'habitation, à la hauteur d'un mètre;

» Aux pavés et carreaux des chambres, lorsqu'il y en a seulement quelques-uns de cassés;

» Aux vitres, à moins qu'elles ne soient cassées par la grêle ou autres accidents extraordinaires et de force majeure, dont le locataire ne peut être tenu;

» Aux portes, croisées, planches de cloison ou de fermeture de boutique, gonds, targettes et serrures. »

Il faut ajouter la réparation de la couverture des bâtiments loués, pour ce qui concerne la main d'œuvre seulement. Le bailleur fournit toujours les matériaux.

Au reste, toutes ces réparations cessent d'être à la charge des locataires ou des fermiers, dès qu'elles proviennent de la vétusté des objets ou par force majeure.

Les juges de paix connaissent des actions relatives aux réparations locatives, jusqu'à 50 francs, en dernier ressort, et en première instance, à quelque valeur que la demande puisse s'élever.

REPROCHES. En matière de police, les ascendants ou descendants du prévenu, ses frères et sœurs ou ses alliés en pareil degré, sa femme ou son mari, même divorcé, ne sont ni appelés, ni reçus en témoignage. (*Art.* 156, *Code d'instruction criminelle.*)

Il suit de cette disposition, que toute autre personne peut être appelée et entendue comme témoin pour le prévenu, le plaignant ou le ministère public. Ainsi on ne peut reprocher devant le tribunal de police, des parents aux degrés prohibés en matière civile, c'est-à-dire, les oncles, tantes, cousins-germains et issus de germains.

Le même article 156 dit encore davantage : il veut qu'en cas d'audition des pères ou mères, fils, frères, sœurs ou beaux-frères du prévenu, il n'y ait pas nullité du jugement, si la partie civile, ou la partie publique, ou le prévenu ne se sont pas opposés à leur audition. C'est assurément donner une grande latitude à la preuve testimoniale.

Mais, si d'aussi proches parents sont entendus pour le prévenu, sera-t-il sage de prendre à la lettre leurs dépositions ? Je pense qu'on doit les peser très-attentivement, les comparer avec celles des autres témoins, examiner leur degré de probabilité, d'intérêt ou de passion, et le plus souvent n'y avoir aucun égard.

S'il était présenté des témoins impubères, soit au civil, soit en police, pour déposer devant les juges de paix, devraient-ils les entendre ? Le code d'instruction criminelle n'en dit rien. Les anciennes lois de police étaient aussi muettes sur ce point. Cependant, jadis on repoussait les témoins impubères, d'après une jurisprudence assez uniforme : *impuberes à ferendo testimonium repel-*

luntur. Mais les lois actuelles admettent ces témoins, même en matière criminelle. Ils sont reçus à faire une déclaration, à laquelle on a tel égard que de raison.

Quant aux reproches contre les témoins dans les enquêtes civiles, je ne vois nulle part qu'il ait été établi un mode particulier pour les justices de paix, soit pour la forme, soit pour le fond de ces reproches. C'est une lacune qu'il serait désirable de voir remplie d'une manière simple, pour être en harmonie avec les autres procédures de ces justices. Mais, en attendant qu'elle le soit, les juges de paix doivent se régler d'après les dispositions établies par les tribunaux de première instance. Ce sont les articles 282, 283, 284, 285, 287, 288, 289, 290 et 291 du code de procédure civile, qui établissent la nature, le mode et le jugement des reproches.

Je ne donnerai ici que le texte de l'un de ces articles, parce qu'il contient seul les causes des reproches actuellement autorisés (1). « Pourront

(1) On distinguait autrefois les reproches de fait et les reproches de droit. Ceux de fait étaient au nombre de douze, dont voici les principaux : Premier : *Vel amicus ei sit pro quo testimonium dat*. L. 3, ff. *de Testibus*. Deuxième : *Vel inimicus ei sit adversùs quem testimonium fert*. Même loi. Troisième : *An vero notatus quis et reprehensibilis, quique judicio publico damnatus erit*. Quatrième : *Quod neque lucri causâ sit*. Cinquième et sixième : *An locuples, vel egens sit, ut lucri causâ quid facilè admittat ; quive impuberes erunt*. Septième : Si le témoin était perdu de mœurs et de réputation, dès-lors taché d'une sorte d'infamie : *hinc*

être reprochés, les parents ou alliés de l'une ou de l'autre des parties, jusqu'au degré de cousin issu de germain inclusivement; les parents et alliés des conjoints au degré ci-dessus, si le conjoint est vivant, ou si la partie et le témoin en ont des enfants vivants : en cas que le conjoint soit décédé, et qu'il n'ait pas laissé de descendants, pourront être reprochés les parents ou alliés en ligne directe, les frères, beaux-frères, sœurs et belles-sœurs.

» Pourront aussi être reprochés, le témoin héritier présomptif ou donataire; celui qui aura bu ou mangé avec la partie, et à ses frais, depuis la prononciation du jugement qui a ordonné l'enquête; celui qui aura donné des certificats sur les faits relatifs au procès, les serviteurs et domestiques, le témoin en état d'accusation, celui qui aura été condamné à une peine afflictive ou infamante, ou même à une peine correctionnelle pour cause de vol. » (*Art.* 283, *Code de procédure.*)

L'époux de mon allié n'est pas mon allié; il n'existe point d'alliance entre moi et la femme de

illi quorum fama facto turpi gravatur absque juris auctoritate, non nunquàm impropriè et abusivè dicuntur infames.

On comptait six reproches de droit : Premier : *Testes qui adversùs fidem suam testationis vacillant, audiendi non sunt.* L. 2, ff. *de Tes.* Deuxième : Si le témoin était contraire en sa déposition. Troisième : S'il déposait seul du fait : *ut unius omni modo testis responsio non audiatur, etiam si præclaræ curiæ honore præfulgeat.* Quatrième : S'il ne rendait pas clairement sa déposition. Cinquième : S'il ne déposait que par ouï-dire. Sixième : Si enfin il attestait des choses ridicules ou impertinentes.

mon beau-frère; ainsi la femme de mon beau-frère peut être entendue pour ou contre moi, comme témoin. (*Arrêt de la cour de cassation du 5 prairial an* 13.)

On ne peut récuser comme témoin la personne chez laquelle la partie a bu et mangé en qualité de pensionnaire. Jugé ainsi par autre arrêt de la même cour, du 10 mars 1809. De même, celui qui a été membre du conseil de famille convoqué pour autoriser la poursuite du procès, peut être entendu comme témoin dans ce procès. (*Même arrêt.*)

Le reproche de condamnation pour vol contre un témoin, doit être accueilli, bien que la condamnation soit ancienne, et qu'elle ait été prononcée en pays étranger. (*Arrêt de la cour de Colmar, du 6 août* 1814.)

L'associé peut produire et faire entendre comme témoin son associé. (*Arrêt de la cour de cassation, du 4 janvier* 1818.)

Tout témoin reproché doit être entendu, sauf, en jugeant, à avoir tel égard que de droit à sa déposition, ou même à la rejeter. Les reproches doivent être circonstanciés, pertinents et même justifiés; sinon, ils ne doivent pas être admis. Voilà des règles élémentaires dont les juges de paix ne peuvent s'écarter.

Il est encore de règle que l'on doit statuer sur les reproches avant le jugement du fond; mais l'un et l'autre se fait en justice de paix par un seul et même jugement. Ainsi, après avoir entendu les reproches, les réponses à iceux, et le témoin reproché lui-même, le juge, en se réservant de prononcer sur les reproches lors du jugement du fond, donne simplement acte de ces reproches, passe à l'audition du témoin reproché, continue et termine l'enquête, prononce enfin sur le principal de la contestation, après avoir admis par le même jugement ou rejeté les reproches, suivant qu'ils lui ont paru fondés ou non. En cas de rejet, la déposition du témoin ne fait aucune foi pour décider sur le fond.

REQUÊTE CIVILE. « Les jugements contradictoires rendus en dernier ressort par les tribunaux de première instance et d'appel, et les jugements par défaut rendus aussi en dernier ressort, et qui ne sont plus susceptibles d'opposition, pourront être rétractés sur la requête de ceux qui y auront été parties, ou dûment appelés, pour les causes ci-après :

» 1° S'il y a eu dol personnel; 2° si les formes prescrites à peine de nullité ont été violées, soit avant, soit lors des jugements, pourvu que la nullité n'ait pas été couverte par les parties; 3° s'il a été prononcé sur choses non demandées; 4° s'il a été adjugé plus qu'il n'a été demandé; 5° s'il a été omis de prononcer sur l'un des chefs de demande; 6° s'il y a contrariété de jugements rendus en dernier ressort, entre les mêmes parties et sur les mêmes moyens, dans les mêmes cours ou tribunaux; 7° si dans un même jugement il y a des dispositions contraires; 8° si, dans les cas où la loi exige la communication au ministère public, cette communication n'a pas eu lieu, et que le jugement ait été rendu contre celui pour qui elle était ordonnée; 9° si l'on a jugé sur pièces reconnues ou déclarées fausses depuis le jugement; 10° si, depuis le jugement, il a été recouvré des pièces décisives, et qui avaient été retenues par le fait de la partie. » (*Article* 480, *Code de procédure.*)

« S'il n'y a eu ouverture que contre un chef de jugement, il sera seul rétracté, à moins que les autres n'en soient dépendants. » (*Article* 482, *ibid.*)

« La requête civile sera signifiée avec assignation, dans les trois mois, à l'égard des majeurs, du jour de la signification à personne ou domicile, du jugement attaqué. » (*Article* 483, *ibid.*)

« Ce délai de trois mois ne courra contre les mineurs que du jour de la signification du jugement, faite depuis leur majorité, à personne ou domicile. » (*Article* 484, *ibid.*)

« La requête civile sera portée au même tribunal où le jugement attaqué aura été rendu; il pourra y être statué par les mêmes juges. » (*Article* 490, *ibid.*)

On voit, d'après ces textes, que la requête civile est une voie simple, autorisée pour faire rétracter les jugements contradictoires en dernier ressort, par les motifs établis dans la loi, et par les mêmes juges qui les ont prononcés.

Les juges de paix, qui sont essentiellement des juges d'exception, sont-ils compétents pour prononcer sur la requête civile? Cette question a été controversée, non qu'aucune loi ni arrêt l'ait décidé négativement, mais par de simples opinions. De quatre auteurs qui me sont connus et qui ont traité des justices de paix, deux ont gardé le silence sur la requête civile; un troisième s'est prononcé pour la négative de la compétence des juges de paix en cette matière; et le quatrième n'a pas même conçu l'ombre d'un doute sur l'affirmative, puisqu'il a donné sans discussion les formules qui lui ont paru nécessaires pour procéder en justice de paix sur la requête civile.

Je suivrai un plan différent; je rapporterai les objections faites contre les justices de paix telles qu'elles me sont connues, et sans en rien affaiblir. J'établirai ensuite les raisons et les lois qui militent pour l'affirmative. Les lecteurs pourront décider eux-mêmes facilement.

On objecte, pour soutenir l'incompétence des juges de paix, que l'article 480 du code de procédure n'établit la requête civile que pour les jugements en dernier ressort des tribunaux de première instance et des cours, et non pour les justices de paix.

Que plusieurs des formes prescrites pour l'instruction et les jugements des requêtes civiles, ne peuvent être remplies que dans les tribunaux de première instance, par ministère d'avoué, et même par assignation au domicile de l'avoué de la partie qui a obtenu le jugement. (*Article* 492, *même Code.*)

Que les justices de paix ne sont pas des tribunaux de première instance; que, par cette désignation, la loi n'entend que les tribunaux civils d'arrondissement. (*Conclusions du procureur-général de la cour de cassation, avant l'arrêt du* 21 *avril* 1813, *dont il sera bientôt parlé.*)

Que l'amende de 300 francs dont la consignation est exigée avant la présentation de la requête civile, serait excessive et extraordinaire si elle était établie pour les justices de paix d'après les amendes médiocres qui se consignent, soit sur les appels, soit sur les pourvois en cassation des jugements rendus par ces justices.

Que toute requête civile doit être communiquée au ministère public (*article* 498, *Code de procédure*); et que, dans les justices de paix, ce ministère n'existe pas.

Qu'enfin les juges de paix sont des juges d'exceptions qui ne peuvent décider que sur des attributions formellement exprimées par les lois, et qu'il n'en est aucune qui leur confère nommément le droit de prononcer sur les requêtes civiles.

A ces motifs, qui ne paraissent pas dépourvus de fondement, on peut répondre : 1° que l'article 480 du code ne dit nullement ce qu'on lui fait dire; qu'il désigne au contraire tous jugements rendus en dernier ressort par *des tribunaux de première instance*, comme susceptibles d'être rétractés par la voie de requête civile, sans en excepter aucunement les justices de paix; que si cette exception existait, il serait évident que les jugements en dernier ressort de ces justices ne pourraient jamais être attaqués par la requête civile, puisqu'elle ne peut être admise ou rejetée que par le même juge ou tribunal qui a rendu le jugement dont on se plaint (*article 490, même Code*); qu'alors l'arrêt rendu par la cour de cassation le 10 pluviose an 12, décidant que *tout jugement en dernier ressort* est susceptible d'être attaqué par requête civile dans les cas admis par la loi, serait véritablement illusoire, puisque de nombreux et très-nombreux jugements ne donneraient jamais ouverture à ce recours extraordinaire; que ce serait même d'une manière dérisoire que cette cour aurait ajouté par un autre arrêt du 14 mai 1811, que *tout jugement en dernier ressort, sans aucune exception* (1), peut être corrigé par requête civile; qu'enfin, dans tous les temps, les législateurs français ont regardé les jugements des tribunaux d'exceptions comme étant d'une autorité égale à celle des cours et des autres tribunaux par leur nature et par leurs effets, tandis que, dans l'hypothèse que ceux des justices de paix seraient irréformables par requête civile, ce serait les établir d'une nature privilégiée aux autres jugements; privilége qui serait d'autant plus étendu, que déjà la loi du 27 ventose an 8, article 77, a déclaré qu'il n'y a ouverture à cassation contre les jugements en dernier ressort des juges de paix, que pour cause d'incompétence ou d'abus de pouvoir.

2° Que, si les formes prescrites pour l'instruction et le jugement des requêtes civiles s'appliquent en général aux tribunaux ordinaires,

(1) Expressions mêmes de l'arrêt.

c'est parce que le législateur a dû tracer la procédure pour ces sortes de tribunaux, de préférence à ceux d'exceptions; mais que les justices de paix, ayant leurs formes sommaires établies spécialement et irrévocablement, doivent s'y conformer; que toutes les formalités établies pour les requêtes civiles ne sont pas prescrites à peine de nullité, et qu'ainsi on peut les varier ou simplifier sans danger; que celles de ces formes dont l'omission emporte nullité, s'appliquent très-bien au mode de procéder en justice de paix, et peuvent s'y exécuter entièrement; telles que la consultation d'avocats, exerçant depuis dix ans près l'un des tribunaux du ressort de la cour, la quittance de l'amende et des dommages-intérêts consignés, et la signification de l'une et de l'autre pièce en tête de la demande; qu'enfin les parties elles-mêmes peuvent et doivent remplir les fonctions d'avoué sur la requête civile par leurs citations et comparutions personnelles.

3° Que, si les justices de paix ne sont pas de vrais tribunaux de première instance, on doit annuler vingt lois différentes qui les ont qualifiées constamment juges de première instance par les termes mêmes des attributions qu'elles leur ont conférées; que d'ailleurs on pourrait demander ce que seraient des juges qui prononcent le plus souvent en première instance, et qui ne seraient pas juges de première instance : à quoi l'on pourrait répondre que cela serait inexplicable, ou plutôt un abus de langage, ou un jeu de mots absurde; que si les lois, même celle du 7 ventose an

8, n'avaient désigné que les tribunaux civils d'arrondissements comme seuls juges de première instance, elles l'auraient formellement déclaré; mais qu'au contraire il en est plusieurs qui, en organisant les tribunaux de première instance, ont statué aussi sur les justices de paix: donc il y a eu une véritable assimilation; tellement que la cour de cassation l'a jugé ainsi par son arrêt du 27 ventose an 8, en appliquant à une requête civile formée devant un juge de paix le mode de renvoi d'un tribunal à un autre, établi par l'article 88 de cette loi, lorsque des jugements *de tribunaux de première instance* sont cassés; renvoi qu'elle a ordonné devant un juge de paix, malgré qu'alors M. le procureur général eût dit que ces juges n'étaient pas des juges de première instance, suivant la loi appliquée. Nous donnerons bientôt l'espèce et le texte de l'arrêt.

4° Que si l'amende de 300 francs, dont la consignation est impérieusement ordonnée sur la requête civile, paraît disproportionnée avec les autres amendes exigées sur les pourvois contre les jugements des justices de paix, c'est une circonstance très-indifférente sur le fait de la compétence; qu'il suffit de réfléchir un seul instant pour voir qu'il s'agit ici de faire respecter l'autorité de la chose jugée, et pour cela d'environner la requête civile de formes sévères, pour en défendre l'entrée à la légèreté et à la chicane; mais que cette disproportion apparente cesse, dès que l'on veut bien faire attention au texte même de l'art. 494 du code de procédure, qui réduit l'amende de

300 f. au quart de sa valeur pour les jugements des juges de première instance; qu'enfin l'amende elle-même n'est pas exigée lorsqu'il s'agit d'un indigent demandeur en requête civile. Tel est le vœu impératif de la loi du 1er thermidor an 6, loi bien plus applicable aux justices de paix qu'aux tribunaux supérieurs, où les indigents ne plaident pour ainsi dire jamais.

5° Que si toute requête civile doit être communiquée au ministère public, il est entendu de reste que c'est là où ce ministère existe; qu'alors la communication aura lieu dans les causes de police et non dans les contestations civiles soumises aux juges de paix; qu'au surplus, la requête civile n'est qu'un incident de même nature que le principal décidé par le jugement attaqué, et que dès que ce principal n'est pas sujet à la communication au ministère public, l'incident semblable à la cause ne peut l'être; qu'au reste, point de milieu, ou la requête civile sera poursuivie devant les juges de paix contre leurs jugements en dernier ressort, ou elle ne sera admise nulle part à l'égard de ces jugements; que si elle y est admise, la jurisprudence de la cour de cassation, qui décide que tout jugement en dernier ressort, *sans aucune exception*, est assujetti à la requête civile, sera respectée, tandis qu'elle sera effacée si les nombreux jugements en dernier ressort des juges de paix ne donnent pas ouverture à la requête civile; que si cette voie était employée devant les tribunaux ordinaires, contre les jugements en dernier ressort des juges de paix, ce serait violer l'ordre et les degrés de juridictions qui doivent exister en toutes matières civiles (1), à peine de nullité; ce serait violer encore la loi fondamentale des justices de paix, qui interdit à tous autres juges la décision en *première instance*, de toutes les causes qu'elle défère nommément et exclusivement aux juges de paix, puisque ces autres juges ne connaissent jamais que de l'appel de ces causes; que ce serait enfin annuler les articles 490 et 502 du code de procédure, qui prescrivent impérieusement de porter la requête civile et le fond de la contestation devant le même tribunal qui a rendu le jugement attaqué.

6° Qu'il est faux de dire que la loi n'attribue pas *nommément* aux juges de paix la connaissance du pourvoi sur requête civile, puisque, comme on vient de dire, deux articles du code disposent que cette requête sera portée devant le même tribunal qui aura rendu le jugement attaqué. N'est-ce pas là une désignation formelle et nominative? On n'en peut douter. Autrement, il faudrait méconnaître les expressions les plus simples et les plus claires de notre langue: autrement encore, il faudrait rétorquer l'argument négatif aux tribunaux ordinaires eux-mêmes, en mille circonstances, que les juges d'exceptions ont dans tous les temps connu de la requête civile introduite contre leurs propres jugements, d'après les ordonnances de Charles IX, de 1560, article 38; de François Ier, de 1545, article 7, et le 20me du titre 35 de

(1) *Loi du 1er mai 1790.*

l'ordonnance de 1667; qu'enfin cette jurisprudence est encore suivie, puisque, par arrêt de la cour de Bruxelles du 23 janvier 1812, il a été décidé que les tribunaux de commerce connaissent de la requête civile, introduite contre leurs jugements en dernier ressort. Or, les juges de paix sont, comme les juges de commerce, des juges d'exceptions.

Mais, pour terminer, donnons une décision spéciale aux juges de paix. Connaissent-ils ou non de la requête civile? On va voir comment la cour suprême l'a décidé. Voici l'espèce de son arrêt, qui est du 21 avril 1813 :

Par un jugement du 5 août 1812, le juge de paix de Maubeuge condamna Adrien Gray à payer à Urbain 17 francs 58 centimes.

Le 14 du même mois, Adrien Gray se pourvoit contre Alexandre Monnier devant le même juge de paix, et lui demande garantie du premier jugement. Il met Urbain en cause, quoiqu'il n'y ait plus rien à juger à son égard; mais, par forme de requête civile, il demande que le jugement soit réformé à l'égard dudit Urbain.

Par un second jugement et par des motifs particuliers, le juge de paix rapporte son premier jugement, ou plutôt en suspend indéfiniment l'effet.

M. le procureur général de la cour de cassation se pourvoit, dans l'intérêt de la loi, contre le dernier jugement, dont il demande la cassation. Écoutons parler ce magistrat lui-même, dans ses conclusions :

« D'abord la requête civile n'est admise, dit-il, par l'article 480 du code de procédure, que contre les jugements rendus en dernier ressort des tribunaux de première instance et d'appel ; elle ne l'est, par aucun texte du même code, contre les jugements en dernier ressort des tribunaux de commerce, et l'on sait que par les mots tribunaux de première instance, le code de procédure, à l'instar de la loi du 27 ventose an 8, n'entend que les tribunaux civils d'arrondissement.

» Ensuite de ce que la requête civile est la seule voie que l'on puisse prendre contre un jugement qui est contraire à un autre, rendu par le même tribunal, entre les mêmes parties, et sur les mêmes moyens, il ne s'ensuit nullement que l'on ne puisse attaquer par recours en cassation un jugement en dernier ressort, par lequel un tribunal rapporte lui-même, en termes exprès, un jugement qu'il a précédemment rendu sur la même contestation.

» Comme l'a dit la cour, dans un arrêt de cassation du 8 avril 1812, il résulte de la nature même de la requête civile, qu'elle ne peut être employée que pour remédier à la contrariété des jugements rendus en dernier ressort par le même tribunal, et que lorsque cette contrariété existe ou paraît être l'effet d'une erreur involontaire. »

Voici l'arrêt qui a suivi ce réquisitoire :

« La cour, vu l'article 88 de la loi du 27 ventose an 8, les articles 1350, 1351 et 1352 du code civil ; attendu que le second jugement rendu par le juge de paix de Maubeuge, le 26 août, rapporte évidemment le précédent, du 5 du même mois, lequel était contradictoire et définitif; que par conséquent ce second jugement contrevient à l'autorité de la chose jugée et aux articles ci-dessus; casse, etc. » (21 *avril* 1813. *V.* Sirey *et* Denevers.)

Ainsi, la cassation n'est prononcée que parce qu'il y avait contravention à l'autorité de la chose jugée. Ainsi, il n'y a point cassation parce que le juge de paix était incompétent pour connaître de la requête civile, ou parce que son jugement n'y donnait pas ouverture. Cependant le ministère public avait basé sur ces deux points une partie de son réquisitoire; donc la cour n'a pas adopté ses motifs.

Le ministère public avait prétendu aussi que les juges de paix n'étaient pas juges de première instance à l'instar de ceux dont parle la loi du 27 ventose an 8; mais la cour a au contraire appliqué aux juges de paix l'art. 88 de cette loi, qui statue sur les renvois des contestations d'un *tribunal de première instance* à un autre, lorsque des jugements en dernier ressort de ces tribunaux sont cassés. Donc elle a reconnu les juges de paix comme juges de première instance.

Il me reste à parler des formes qui doivent être suivies en justice de paix, si l'on y introduit la requête civile. Elles sont fort simples.

Il faut d'abord obtenir une consultation de trois avocats exerçant depuis dix ans près l'un des tribunaux du ressort de la cour dans lequel le jugement attaqué a été rendu, et que cette consultation, donnée sur un mémoire simple, mais exact, décide qu'il y a lieu à ouverture à la requête civile pour l'un ou plusieurs des motifs exprimés par l'article 480 du code.

Après avoir obtenu cette consultation, il faut consigner les sommes exigées par l'article 494; c'est-à-dire, 75 francs, pour l'amende relative aux jugements des tribunaux de première instance, et 37 fr. 50 c. pour les dommages-intérêts de la partie, sans préjudice de plus forte indemnité, s'il y a lieu.

La consignation faite, on joint sa quittance à la consultation, et, avec ces deux pièces, on présente requête au juge de paix qui a rendu le jugement attaqué; on lui expose les motifs qui paraissent donner ouverture à la requête civile, tels qu'ils sont expliqués dans la consultation, sans qu'on puisse en alléguer d'autre, et on lui demande permission d'appeler devant lui, dans le délai de la loi, la partie qui a obtenu le jugement, pour qu'il soit ordonné que les parties seront remises au même et semblable état qu'elles étaient avant ledit jugement, lequel sera rétracté, sauf ensuite à se pourvoir, ainsi que de droit, pour faire statuer sur le fond de la contestation. On conclut en outre aux dépens.

Ces conclusions sont les seules qui puissent être valablement prises dans la requête civile. Il faut bien se garder de demander, comme M. Daubenton l'enseigne dans ses formulaires, que le jugement attaqué sera *rapporté*; ce serait une contravention à l'autorité de la chose jugée; ce serait reproduire les motifs qui ont fait casser le jugement du juge de paix de Maubeuge, par l'arrêt du 21 avril 1813, dont nous venons de donner le texte; ce serait enfin demander de juger le fond de la contestation avant ou du moins en même temps que l'admission de la requête civile, tandis que l'article 502 du code ordonne, au contraire, qu'il ne sera procédé sur le fond, qu'après l'admission de la requête civile. Cette disposition est absolument semblable à celle de l'article 22 du titre 35 de l'ordonnance de 1667.

Sur la requête présentée au juge de paix, il rend une simple ordonnance portant que la partie sera appelée dans le délai qu'il fixe. Mais si, dans la requête, il était allégué d'autres moyens que ceux établis dans la consultation, le juge de paix devrait la rejeter; car la loi défend de se servir d'aucun moyen non établi dans la consultation, soit par écrit, soit en plaidant. (*Article* 499, *même Code.*)

Le juge peut encore rejeter la requête, si on ne lui rapporte pas la preuve de l'exécution du jugement attaqué, spécialement s'il s'agit de délaisser la possession d'un héritage. (*Article* 497, *ibid.*)

Pour l'exécution de l'ordonnance du juge de paix, on la notifie, avec la requête qui la précède, à la partie qu'il s'agit d'appeler, en la citant par même acte à comparaître devant le juge, dans le délai ordinaire, ou au jour fixé par l'ordonnance. Il ne faut pas omettre de donner en tête de la requête, copie de la consultation et de la quit tance de consignation d'amende : c'est une formalité de rigueur.

Au jour indiqué pour la comparution des parties, elles comparaissent devant le juge, plaident leurs moyens respectifs, produisent leurs pièces et reçoivent jugement dès cette première audience, s'il se peut, ou à la suivante, à moins que toute l'instruction ne soit pas terminée. Si la requête civile est entérinée (1), les parties sont remises au même état qu'avant le jugement attaqué, et les sommes consignées sont rendues.

Si, au contraire, la requête civile est rejetée, le demandeur est condamné aux dépens, aux amendes et indemnités fixées par l'article 494, sans préjudice d'une plus forte indemnité, s'il y a lieu.

Comme il y a plusieurs variations dans les délais établis pour former la requête civile, à raison de circonstances particulières, il sera nécessaire de consulter, avant d'agir, les articles 483, 484, 485, 486, 487, 488 et 489 du code de procédure, qui seraient trop longs à rapporter ici.

RÉQUISITIONS D'UN CHEF DE MAISON.

Les juges de paix, comme officiers de police judiciaire, doivent, sur ces réquisitions, procéder directement et à l'instant même, à la constatation des délits et des crimes commis dans l'étendue de leur ressort. Ils opèrent alors comme au cas de

(1) Entériner, *ratum habere*, c'est admettre, confirmer, ratifier.

flagrant délit, reçoivent les déclarations des témoins, interrogent les prévenus, les font saisir s'il y a lieu, font les visites, perquisitions, et les autres actes qui sont en ce cas de la compétence des procureurs du roi, dont ils sont les auxiliaires. (*Article* 49, *Code d'instruction criminelle.*) *Voyez*, pour le complément de cet article, POLICE JUDICIAIRE.

RÉSILIATIONS DE BAUX. *V.* LOUAGE et CONGÉS.

RESPONSABILITÉ. *V.* PERSONNES RESPONSABLES.

ROULIERS, CHARRETIERS, CONDUCTEURS. *V.* CONTRAVENTIONS DE DEUXIÈME CLASSE, n° 3.

S.

SAISIE-ARRÊT. C'est un acte de contrainte pour l'exécution des jugements et actes authentiques.

La saisie suspend les paiements de tous les deniers, effets et meubles appartenants à un débiteur, entre les mains d'une tierce personne. Alors ce tiers saisi ne peut délivrer les choses saisies légalement, sans qu'il en ait été ordonné par justice, à moins que le saisi ne donne son consentement à la délivrance en faveur de son créancier, sauf les formalités de justice.

On ne peut saisir qu'en vertu d'un titre authentique ou privé, mis en forme, ou d'une ordonnance du juge du domicile du débiteur portant permission de saisir. (*Art.* 557 *et* 558, *Code de procédure.*)

Ces permissions ne doivent pas s'accorder légèrement. Il est résulté beaucoup d'abus et des inconvénients graves, de la facilité avec laquelle on faisait jadis des oppositions qui équivalaient aux saisies. « La France entière, commerçante ou propriétaire, réclame, depuis cent ans, contre l'abus et les vexations de tout genre, suite des oppositions *sans causes énoncées ni justifiées.* » Ainsi s'exprimait le rapporteur de la commission de législation dans son exposé des motifs du code.

Une missive énonciative de la dette, un mémoire arrêté, une promesse ou reconnaissance, les tailles même des artisans, suffisent sans doute pour décider le juge à donner permission de saisir. Mais à défaut de l'un ou de l'autre, il peut la refuser, sur-tout lorsque la créance lui paraît douteuse, ou lorsque la moralité du demandeur ne lui est pas connue. Telle était l'ancienne jurisprudence du Châtelet de Paris. Cependant on agissait plus légèrement; les officiers ministériels mêmes faisaient seuls des saisies ou des oppositions, souvent sans titres ni motifs énoncés.

Toutes les choses qui sont atteintes par une saisie-arrêt, sont purement mobilières, et dès-lors produisent des actions de même nature. Ainsi, celles qui naissent de ces saisies me paraissent être de la compétence des juges de paix en dernier ressort, jusqu'à cinquante francs, et en première instance jusqu'à cent francs; mais seulement lorsqu'elles sont faites en vertu de leurs jugements et ordonnances, et lorsqu'encore il n'y a pas lieu à un ordre ou distribution des deniers saisis entre divers créanciers.

On a contesté aux juges de paix une telle compétence, et on a même jugé qu'ils ne pouvaient connaître des simples demandes en validité de saisies faites en vertu de leurs jugements, par un seul saisissant, comme si cette validité était d'une nature différente de celle de la légitimité de la créance. Cette décision me paraît aussi erronée que funeste pour les petits créanciers, qui forment la classe la plus nombreuse de la société; et je regarde comme un devoir sacré, de traiter ici la question d'une manière approfondie.

J'établis d'abord le droit des juges de paix, et je réfute ensuite les motifs qu'on leur oppose.

La compétence de ces magistrats me paraît fondée sur tout ce qu'il y a de plus respectable en droit, les lois et la jurisprudence.

1° Une demande en validité de saisie est naturellement une action principale, puisqu'on peut y appliquer toujours la règle *actor sequitur forum rei.*

2° Les juges de paix connaissent de toutes les actions qui leur sont nommément attribuées par les lois. Or, celles des 16 et 24 août 1790, article 9 du titre 3, confère spécialement aux juges de paix la connaissance de toutes actions mobilières; savoir, en dernier ressort jusqu'à cinquante francs, et en première instance jusqu'à cent francs; donc, la validité de la saisie-arrêt qui ne s'élève pas à de plus fortes sommes, est essentiellement de la compétence de ces magistrats, puisqu'elle est une action uniquement mobilière. Je l'ai déjà prouvé.

3° Toute demande en validité de saisie doit se porter devant le juge du domicile du débiteur. Tels sont les termes de l'article 567 du code de procédure. Les juges de paix sont-ils ou non des juges de domicile? Vingt lois différentes les ont qualifiés ainsi, tant en matières civiles, qu'en police et au criminel, notamment la loi organique du 14 octobre 1790, article 3, titre 10, et le code de procédure, article 2.

4° L'article 822 de ce même code autorise nommément, *et sans limitation de sommes*, les juges de paix à permettre des saisies en faveur de créanciers dépourvus de titres, contre des débiteurs forains. Certes, c'est ici bien autre chose qu'une validité de saisie faite en vertu d'un titre quelconque; c'est une sorte de pouvoir discrétionnaire conféré aux juges de paix. Qui oserait donc dire que la loi, après avoir investi ces magistrats d'un pouvoir extraordinaire sur les saisies, entend cependant leur refuser jusqu'à la compétence ordinaire sur ces actions, et même de connaître de leur simple validité lorsqu'ils les auraient permises? Il me semblerait dérisoire de le soutenir sérieusement.

5° Le législateur, après avoir reconnu les juges de paix compétents par la nature des saisies, par la qualité de juges de domicile, par des attributions nommément faites, les excepte cependant dans le même titre pour des saisies-gageries qu'il n'autorise que d'après l'ordonnance du président de première instance. (*Art.* 819, *Code de procédure.*) Or il est très-simple de conclure de cette exception qu'elle est la seule admissible, et que les autres attributions restent pleines et entières.

Quels motifs ont donc pu balancer et même paraître atténuer des dispositions aussi positives? Les voici :

« Attendu que les juges de paix sont des juges d'exceptions qui ne doivent connaître que des causes qui leur sont attribuées par les lois. »

Cela n'est qu'élémentaire; mais je l'ai déjà dit : les attributions de ces juges sur les demandes en validité de saisie, reposent sur trois lois formelles, soit *ratione materiæ*, soit *ratione domicilii*. Je viens de le prouver avec une évidence parfaite.

« Attendu que les juges de paix ne doivent pas connaître de l'exécution de leurs jugements. »

C'est ce qu'aucune loi n'a encore dit depuis l'institution des juges de paix. Le nouveau code de procédure lui-même ne leur interdit pas cette faculté; il la confère, au contraire, dans beaucoup de circonstances, notamment pour les exécutions provisoires, pour les indemnités adjugées définitivement, pour les opérations sur les lieux, etc. Voilà certes des mesures d'exécution des jugements. Il est donc faux de dire que les juges de paix n'en connaissent pas. D'ailleurs, sans une exception formelle, nul juge ne peut être privé de régler l'exécution de ce qu'il a jugé. C'est une maxime constante, naturelle et très-ancienne. *De quibus rebus ad eumdem judicem agatur, et ne causæ continentia dividatur.*

On ne méconnaissait pas autrefois l'autorité des juges d'exceptions sur ce point. La question agitée dès 1539 fut résolue par une ordonnance royale, qui, en matière de criées, décida qu'elles se feraient devant les juges qui auraient porté les jugements en vertu desquels se faisaient les adjudications, quoiqu'ils fussent *des juges d'exceptions.*

Un réglement général du parlement de Paris, donné en 1598, statua que tous les juges de son ressort, *ordinaires ou autres*, connaîtraient des saisies, ventes, criées, adjudications, lorsqu'elles auraient lieu en vertu de leurs sentences.

Le 27 juin 1663, la même cour annula les procédures faites par les officiers de la sénéchaussée du Mans, sur l'exécution des jugements rendus par le prevôt de la même ville, et ordonna que ce magistrat connaîtrait de l'exécution de ses jugements. M. l'avocat général Bignon, magistrat justement célèbre, traita l'entreprise des officiers de la sénéchaussée comme attentatoire à l'ordre des juridictions.

Ces principes furent encore consacrés le 24 janvier 1733, par un arrêt de réglement rendu entre les consuls d'Angoulême, et le présidial de la même ville. (*Recueil de Jousse, tome* 3, *p.* 432.)

Enfin l'autorité du Roi mit le sceau à la compétence des juges d'exceptions par un arrêt du 8 mars 1740, par lequel *expresses défenses* furent faites à toutes personnes de se pourvoir sur l'exécutions, des jugements rendus par les juges d'exceptions, notamment par les maîtrises des eaux et forêts, ailleurs que devant les juges qui auraient prononcé ces jugements. Défenses furent aussi faites à tous juges d'en connaître, à peine de cinq cents francs d'amende, tant contre les juges que contre les parties, et de tous dépens, dommages-intérêts. (*Voyez le Dictionnaire des Eaux et Forêts*, verbo EXÉCUTION DES JUGEMENTS.)

Cet arrêt de réglement doit subsister encore dans toute sa force, parce que les lois nouvelles n'ont point abrogé ses dispositions, du moins en ce qui concerne les juges de paix comme juges d'exceptions. Nous convenons cependant que la loi a établi une exception pour les juges de commerce, auxquels il refuse la connaissance des mesures d'exécution de leurs jugements. Mais toute exception législative ne peut jamais être étendue d'une personne à une autre, d'un fonctionnaire à un autre, encore moins d'un corps de magistrature à un autre. On peut dire, au contraire, que l'exception ne s'appliquant qu'à l'un de ces corps, l'autre est conservé dans tous ses droits, suivant la règle générale. Nous l'avons vu en effet : les juges de paix connaissent *nommément* de plusieurs mesures d'exécution de leurs jugements ; et, s'ils n'en connaissaient pas, autant vaudrait les supprimer, parce que leur institution resterait alors sans moyens d'atteindre son but bienfaisant. Nous le prouverons bientôt.

Troisième motif des juges d'Appel.

« Attendu que le code de procédure civile n'attribue pas aux juges de paix la connaissance des demandes en validité de saisie, mais bien aux juges du domicile. »

Nous avons trop bien établi, pour y revenir, que les juges de paix sont des juges de domicile; que dix lois différentes les ont qualifiés tels; que le code de procédure enfin leur confère en plusieurs endroits cette qualité. N'est-ce pas ainsi qu'ils connaissent de toutes actions purement personnelles et de toutes actions mobilières jusqu'à des sommes déterminées? On ne peut le nier sans effacer les dispositions de plusieurs lois, et sans enlever à ces juges la majeure partie de leur compétence.

Dire que la loi ne s'applique pas aux juges de paix, parce qu'elle ne nomme que les juges de domicile en général, ce serait un peu fort, ce serait changer jusqu'à l'esprit de la loi. Que veut-elle en effet? Que tout juge de domicile connaisse des attributions diverses qu'elle confère. Or il y a plusieurs juges de domicile : ceux de première instance, ceux de commerce, ceux de paix; la loi n'établit pour aucun d'eux ni distinction ni privilége. *Ubi lex non distinguit, nec nos distinguere debemus.*

La cour de Turin était bien éloignée d'élever de pareilles distinctions, lorsqu'elle rendit son arrêt du 17 janvier 1810, dont voici les motifs : « Attendu que, quoique le code de procédure, sous le titre de la saisie-arrêt ou opposition, parle constamment du juge du domicile des parties, il ne s'ensuit pas néanmoins que, dans les matières privilégiées et dans celles dont la connaissance est privativement attribuée aux juges de commerce, ils ne puissent permettre des saisies-arrêts, et ensuite prononcer sur leur validité, parce qu'il est sensible, au contraire, que, dès qu'il s'agit d'arrêter sans titre, il ne peut appartenir de le permettre et de prononcer ensuite sur la validité qu'au même juge qui est compétent pour connaître de la légitimité de la créance pour laquelle on demande de saisir, et qui, par-là même, devient le vrai juge du domicile en la matière. » (Denevers, *an* 1810, *tome* 8, *sup.*).

Un second arrêt de la même cour, du 30 mars 1813, a décidé que le président du tribunal de commerce, et celui du tribunal de première instance, peuvent indistinctement, à défaut de titre, permettre la saisie-arrêt dans les contestations qui sont de la compétence des tribunaux de commerce. (Sirey, *tome* 14, *partie* 2e, *page* 436.)

Si les juges de commerce, auxquels la loi refuse de connaître de l'exécution de leurs jugements, sont cependant compétents pour connaître de la validité des saisies faites sans titre, *à fortiori*, les juges de paix le sont-ils, eux qui, loin d'être exceptés, réunissent une double attribution sous deux qualités déjà établies; eux encore qui sont juges de diverses voies d'exécution des jugements, par le texte des lois.

QUATRIÈME ET DERNIER MOTIF DES JUGES D'APPEL.

« Attendu que si les juges de paix connaissaient de la demande en validité de saisie-arrêt, ils pourraient connaître aussi des distribution et ordre de deniers. »

La conséquence n'est pas exacte. Les ordres et distributions de deniers sont, par leurs formes mêmes, attribués aux juges de première instance; ainsi, les juges de paix en sont exclus. Mais il ne s'agissait point, dans l'hypothèse qui nous occupe, d'une distribution entre plusieurs saisissants, puisqu'il n'y en avait qu'un seul; il s'agissait d'une très-modique créance *de* 21 *francs*, pour laquelle le juge de paix avait prononcé un jugement de condamnation en dernier ressort, et pour l'exécution duquel on avait fait une saisie-arrêt, dont la validité fut prononcée par le même juge comme une suite nécessaire de sa compétence et de la nature de la chose.

C'est à raison d'une telle minutie que l'on a fait appel d'un jugement en dernier ressort, pour motif d'incompétence du juge de paix en matière de saisie-arrêt; incompétence si singulièrement admise, que, pour cela, on a renversé tout ordre de juridiction, d'abord en ordonnant les nombreuses et très-coûteuses formalités des causes ordinaires dans une contestation très-sommaire: cependant, depuis des siècles, on juge les dernières d'une manière bien différente des autres, *summariè et de plano, sine strepitu, formâ et figurâ judicii;* ensuite, en violant la loi fondamentale des justices de paix, en déclarant qu'une cause pure personnelle et mobilière bien au-dessous de 100 francs, est de la compétence des tribunaux civils d'arrondissement en première instance, tandis que la loi leur interdit impérieusement d'en connaître, si ce n'est sur l'appel qui ne pouvait avoir lieu ici. Voilà ce qu'ont fait les juges d'appel en décidant qu'ils sont juges en première instance, de la validité d'une saisie faite *pour 21 francs;* c'est bien le cas de leur dire: *quid fecit quod non potuit* (1)?

Si les juges de paix ne connaissaient pas de la validité des saisies-arrêts qu'ils auraient permises sans titre, ou sur un débiteur forain, ou qui seraient faites en vertu de leurs jugements lorsqu'il n'y a pas de distribution de deniers, l'ordre et le but bienfaisant de leur institution seraient changés, pour ne pas dire anéantis. Ce vœu solennel de toute la France, prononcé depuis des siècles, et d'une manière si imposante, si unanime en 1789, de rapprocher la justice des justiciables, sur-tout de la classe laborieuse et indigente, aurait été en vain rempli par la loi institutive des justices de paix; cette loi n'aurait établi qu'un simulacre de justice, un faible échelon dont on daignerait se servir encore pour monter, *dans une même cause*, aux tribunaux supérieurs.

En vain les législateurs auraient dit: « Les jus-

(1) « Et moi aussi je pense comme l'auteur », a dit un ancien magistrat de cour royale, justement célèbre, en examinant cet article.

tices de paix seront principalement les tribunaux des pauvres, des artisans, des ouvriers, des manœuvres; ce sera là qu'ils pourront parvenir sans peine au paiement des modiques salaires que l'humeur, la mauvaise foi ou la malice leur contestent journellement; c'est là qu'ils seront dispensés de ces délais multipliés, de ces formalités extraordinaires et ruineuses que la nature de leurs demandes ainsi que leurs minces facultés ne pourraient jamais supporter. C'est pour eux et pour cette foule de légères contestations sans cesse renaissantes, que des magistrats particuliers prononceront, pour ainsi dire, sans formes, des jugements qui seront exécutés d'une manière aussi simple........ » En vain, répétons-nous, tout cela aurait été dit, décidé et exécuté par la création des justices de paix : si l'hypothèse jugée contre ces justices était maintenue, leur autorité toute humaine et paternelle serait paralysée. Que produiraient alors à l'artisan, à l'ouvrier, à l'indigent, au père de famille malheureux, les jugements qu'ils auraient obtenus sommairement contre leurs débiteurs dans les justices de paix? Rien, absolument rien, si, après ces jugements, ils étaient forcés d'avoir ensuite recours, pour les faire exécuter, à d'autres tribunaux, où ils n'obtiendraient rien sans débourser dix fois la valeur du capital adjugé par le premier juge; et, comme cela serait constamment au-dessus de leurs faibles moyens, ils seraient aussi constamment réduits à l'impossibilité d'obtenir justice. Alors, dans cette situation étrange, respecteraient-ils beaucoup un ordre qui leur refuserait le premier des droits sociaux ?

Non, ce n'est pas là l'esprit de la loi; elle ne veut pas détruire d'une main ce qu'elle a édifié de l'autre; elle ne veut pas faire regretter les justices féodales, où l'indigent obtenait justice *tout entière*, sans avoir besoin des juges supérieurs pour régler l'exécution de la chose jugée par le premier juge. Non, la loi nouvelle n'a jamais dit, ni voulu dire : les juges de paix n'auront que la nue connaissance des causes, *nudam causæ notionem*, et leurs jugements ne seront que de simples titres pour plaider dans les tribunaux supérieurs.

SAISIE-EXÉCUTION. C'est une voie de contrainte pour l'exécution des jugements et actes. Cette saisie consiste à mettre sous la main de la justice tous les meubles saisissables du débiteur, afin d'en poursuivre la vente dans les formes ordinaires. Les juges de paix assistent à ces saisies dans un seul cas, celui où les portes de la maison du débiteur sont fermées, ou celles des meubles saisis. Ils les font ouvrir, sur la réquisition de l'huissier chargé de la contrainte, sans en dresser un procès verbal particulier : ce qu'ils font ou ordonnent est consigné sur celui de l'officier ministériel. (*Article* 587, *Code de procédure.*) *V*. PORTES FERMÉES.

SALAIRES DES GENS DE TRAVAIL. Les actions pour salaires des ouvriers et gens de travail sont des actions pures personnelles, dont la connaissance est exclusivement attribuée aux juges de paix ; savoir, en dernier ressort jusqu'à 50 fr., et en première instance à quelque somme ou valeur que la demande puisse s'élever.

Il en est ainsi pour les actions qui naissent de l'exécution des engagements entre les ouvriers, gens de travail et leurs maîtres ou entrepreneurs. *Voyez, pour le complément de cet article,* ACTIONS PERSONNELLES.

L'action qui comprend des chefs de demande pour salaires d'ouvriers et pour fournitures dont la valeur excède 100 francs, est-elle de la compétence des juges de paix? Il faut distinguer : si les salaires forment un chef de demande séparé, et si les fournitures en forment un autre particulier qui n'excède pas 100 francs, il n'y a pas de doute que cette division est naturellement de la compétence du juge de paix ; et c'est cette division que j'ai conseillée, *verbo* ACTIONS PERSONNELLES, afin de ne pas restreindre les attributions des juges de paix, mais de les maintenir au contraire, pour l'intérêt social, dans le cercle qui leur est propre.

Mais si le salaire est réuni aux fournitures, de manière à ne former qu'un chef qui excède 100 fr. ; si encore, malgré qu'il y eût deux chefs distincts, les fournitures seules excédaient 100 fr. (car pour les salaires il n'y a point de limites) ; alors, dans cette double hypothèse, le juge de paix cesserait d'être compétent. C'est ce qui a été jugé par arrêt de la cour de cassation du 8 août

1807, dans lequel on remarque ces motifs : « Attendu que, lorsqu'une action comprend divers chefs, *dérivant de la même cause*, dont les uns sont de la compétence des juges de paix et les autres réservés aux tribunaux de première instance, c'est à ces derniers qu'il appartient de prononcer sur tous les chefs. » *V.* Denevers, *an* 1807.

SAUF-CONDUIT. Les juges de paix n'ont plus le droit d'en accorder aux personnes citées devant eux, qui sont dans le cas de la contrainte par corps. Ces personnes doivent s'adresser au président du tribunal civil, qui, sur le vu des citations ou jugements, et après avoir entendu le procureur du roi, délivre le sauf-conduit. (*Avis du conseil d'état du* 30 *avril* 1807, *approuvé par décret du* 30 *mai.*) *V. l'art.* 782 *du Code de procédure.*

SCELLÉS APRÈS DÉCÈS. Personne n'ignore que le scellé est l'apposition d'un sceau aux armes du roi, sur les portes de meubles, de chambres, d'appartements ou de maisons, et quelquefois sur de simples effets. Les empreintes du sceau se font sur de la cire, aux deux bouts d'une bande de papier, d'un ruban ou d'un galon, que l'on place sur les ouvertures des meubles après les avoir fermées à clef, de manière qu'ils ne puissent être ouverts sans briser ou altérer les scellés.

Cette opération est le premier des actes conservatoires. Elle se faisait autrefois par un grand nombre de magistrats et d'officiers; maintenant, ce ont les juges de paix qui ont le droit *exclusif* d'apposer les scellés chacun dans son arrondissement particulier. En leur absence, ou en cas d'empêchement, les suppléants de ces juges ont le même droit. (*Article* 2, *titre* 3 *de la loi du* 19 *août* 1790 ; *articles* 907 *et* 912 *du Code de procédure civile ; articles* 449 *et suivants du Code de commerce, etc.*)

L'apposition de scellés après décès peut être requise, 1° par tous ceux qui prétendent droit dans la succession ou dans la communauté ; 2° par tous créanciers fondés en titre exécutoire, ou autorisés par une permission, soit du président du tribunal de première instance, soit du juge de paix du canton où le scellé doit être apposé ; 3° et, en cas d'absence du conjoint ou des héritiers, ou de l'un d'eux, par les personnes qui demeuraient avec le défunt, et par ses serviteurs ou domestiques (*article* 909, *même Code de procédure*) ; 4° par les mineurs émancipés, en qualité d'héritiers ou de créanciers, sans même être assistés de leurs curateurs, parce que ce n'est ici qu'un acte de pure administration. (*Art.* 910, *ibid.*)

Ces trois dernières dispositions sont facultatives, mais la réquisition du scellé est impérativement exigée, 1° du conjoint survivant et de l'administration des domaines, lorsque l'un ou l'autre prétend droit à la succession ; 2° des exécuteurs testamentaires, lorsqu'il y a des héritiers mineurs, interdits ou absents. (*Articles* 769 *et* 1031 *du Code civil.*)

Indépendamment de ces dispositions, le scellé est apposé, soit à la réquisition du ministère public, soit sur la déclaration du maire ou de l'adjoint du lieu du décès, *et même d'office par le juge de paix*, s'il y a des héritiers mineurs dépourvus de tuteurs, si le conjoint survivant, ou les héritiers, ou l'un d'eux, sont absents, et si le décédé était dépositaire public. (*Article* 911, *Code de procédure.*)

Il est nécessaire de faire quelques observations sur ces différents textes.

La faculté accordée aux créanciers porteurs de titres, aux prétendants droit à la succession, et à ceux qui habitaient avec le décédé, de requérir l'apposition du scellé, n'est que la confirmation de la jurisprudence ancienne.

Celui qui se prétend héritier dans une succession n'est point obligé de justifier son droit au juge de paix, en lui demandant une apposition de scellés; c'est aux cohéritiers à contester, s'il y a lieu, cette qualité, et à former telles oppositions que de droit.

La permission qui peut être donnée au créancier qui n'a pas de titre exécutoire, me paraît avoir été puisée dans une loi romaine. *Cod., tit.* 1., *lib.* 2. *Ut nemini liceat sine judicis auctoritate signa rebus imponere alienis.*

Il est entendu que cette permission ne s'accorde qu'aux créanciers porteurs de billets, promesses, reconnaissances, mémoires, arrêtés de comptes; car ceux qui n'ont aucun titre n'ont qu'une action ordinaire contre la succession.

Le conjoint que la loi oblige de requérir l'apposition du scellé, est celui qui renonce à la communauté pour s'en tenir à ses droits dotaux, autrement il n'est pas obligé à cette formalité, sauf en cas d'absence des héritiers ou de l'un d'eux. Mais tout conjoint survivant doit, pour éviter les scellés, faire nommer un subrogé tuteur à ses enfants mineurs, s'il en a, aussitôt après le décès du premier mourant.

Le droit accordé aux juges d'apposer les scellés d'office dans différents cas, est fort ancien; on le trouve consacré dès l'ordonnance de 1579, article 164.

La loi du 6 mars 1791 n'a donc fait que suivre l'ancienne jurisprudence, et les nouveaux codes l'ont même étendue. Mais, lorsque tous les héritiers sont majeurs et présents, ou que les mineurs sont émancipés, le juge de paix n'a pas le droit d'apposer les scellés, s'il n'en est formellement requis par l'un des intéressés. Il y aurait plus que de l'indiscrétion à en agir autrement, même sous le prétexte de prévenir la négligence. On trouve dans la collection de Denisart un arrêt de réglement du 13 août 1718, qui établit les règles alors suivies.

On doit respecter l'administration des pères et mères, qui sont investis naturellement et par la loi d'une certaine confiance. Cependant, « si un père ou une mère s'ingère dans la gestion de la tutelle de ses enfants, avant de leur avoir fait nommer un subrogé tuteur, le conseil de famille convoqué, soit sur la réquisition des parents, créanciers ou autres parties intéressées, soit d'office par le juge de paix, pourra, s'il y a eu dol de la part du tuteur, lui retirer la tutelle, sans préjudice des indemnités dues au mineur.» (*Article 421, Code civil.*)

Par ces mêmes motifs, les scellés ne doivent-ils pas être apposés chez le survivant des époux qui ne répond pas à la confiance accordée à sa qualité, qui empêche ou ne provoque pas la nomination du contradicteur que la loi lui donne nécessairement, qui enfin affecte de gérer sans avoir fait établir légalement les droits de ses enfants? Un tel survivant n'inspire-t-il pas contre lui une juste prévention, et l'autorité ne doit-elle pas veiller aux droits des mineurs, lorsqu'ils sont négligés ou compromis? L'article 819 du code civil, malgré sa modification par le 911e du code de procédure, laisse positivement une action d'office aux juges de paix; et pourquoi cette action, s'il n'en doit être fait usage dans les cas les plus pressants? Est-il, ou non, urgent de prendre des mesures conservatoires, lorsque le père et la mère ont à leur discrétion toute la fortune mobilière des enfants; lorsqu'ils la gèrent arbitrairement sans la faire constater par un inventaire; lorsque encore, l'époux survivant a la coupable affectation de différer la nomination d'un subrogé tuteur, jusqu'à la veille d'un second mariage, pour ajuster, suivant sa mauvaise foi, un inventaire tardif, frauduleux, dans lequel on ne voit jamais paraître ni argent ni effets précieux; lorsqu'enfin, sans acceptation de la tutelle (qui se fait toujours par la nomination d'un subrogé tuteur), il n'y a pas d'hypothèque pour le mineur sur les biens du tuteur? Malgré tous ces motifs frappants, il existe une circulaire du grand juge ministre de la justice, du 5 novembre 1808, qui prescrit de ne pas apposer le scellé d'office lorsque les mineurs ont un père ou une mère survivant. Je rapporterai cette circulaire à l'article *Tutelle du père ou de la mère*.

La rédaction d'un procès verbal de scellés doit contenir sa date par heure, jour, mois et an; les motifs de l'apposition; les noms, professions et demeures des requérants, s'il y en a; leur élection de domicile dans la commune où est apposé le scellé, s'ils n'y demeurent; la déclaration que le juge opère d'office, à défaut de parties requérantes, ou sur le réquisitoire du ministère public, ou encore sur la déclaration de l'un des fonctionnaires désignés dans l'article 911 du code de procédure; l'ordonnance qui permet le scellé, s'il en a été rendue; les comparutions et les dires des parties; l'apposition de chaque scellé, avec la désignation du meuble qui le reçoit; la description sommaire des effets qui sont laissés en évidence, ou ne sont pas mis sous le scellé; les oppositions et réclamations qui peuvent être faites par les parties ou par des tiers; les référés, s'il y a lieu d'en prononcer; les ordonnances vidant les référés; l'établissement du gardien présenté, s'il a les qualités requises, sinon il en est établi un d'office; enfin le serment qui est prêté par les gens de la maison où s'apposent les scellés, par lequel ils jurent qu'ils n'ont rien pris ni détourné, ni vu ou su qu'il ait été rien soustrait directement ou indirectement des meubles et effets de la succession. (*Article* 914 *du Code de procédure.*)

Le procès verbal fait encore mention si le scellé est apposé avant l'inhumation, sinon, des causes qui ont retardé soit la réquisition, soit l'apposition. L'article 913 du code le prononce impérieusement. Son but est sans doute de découvrir, par la constatation de ces causes, les fraudes qui pourraient avoir été pratiquées avant le scellé. —Enfin, on exprime dans ce procès verbal la remise entre les mains du greffier, des clefs des serrures sur lesquelles le scellé a été apposé. (*Article* 915, *ibid.*)

Quand cet acte est clos, ni le juge ni le greffier ne peuvent aller, jusqu'à la levée du scellé, dans la maison où il est apposé, *à peine d'interdiction*, à moins qu'ils n'en soient requis pour quelque cause particulière, comme une extraction de titres ou de papiers, ou que leur transport n'ait été précédé par une ordonnance motivée, rendue par le juge de paix même, ou par le président de première instance. Alors ces opérations particulières ne doivent avoir lieu qu'en présence des parties intéressées ou dûment appelées. (*Même article* 915.)

Plusieurs circonstances peuvent et doivent arrêter un juge de paix qui se présente pour apposer des scellés : 1° lorsqu'on lui justifie qu'il n'y a ni mineurs ni absents intéressés dans la succession qui vient de s'ouvrir; 2° si la partie requérante est un créancier qui soit à l'instant désintéressé par les héritiers ; 3° si le lieu dans lequel doit être faite l'apposition du scellé est hors des limites du territoire du juge de paix qui se présente pour opérer ; 4° si on représente au juge de paix un inventaire légalement fait ; car un inventaire irrégulier ne devrait pas arrêter ce juge. Il a été en effet jugé par la cour de Bruxelles, le 28 mars 1810, que l'article 923 du code de procédure, qui ne permet pas l'apposition du scellé lorsqu'il a été fait inventaire, n'est pas applicable au cas où l'inventaire est irrégulier, et paraît avoir été fait en fraude des héritiers absents ou des intéressés dans la succession. (Sirey, *tom.* 10, *part.* 2e, *p.* 299.)

Il ne manque pas d'hypothèses semblables dont je dois taire les motifs ; mais c'est bien mal servir les parties, que de les servir ainsi.

Dans tous autres cas, même quand il y a opposition formelle, ou quand des portes sont fermées, le juge de paix peut passer outre et faire faire l'ouverture des portes. La loi additionnelle du 17 mars 1791 l'ordonnait ainsi, en chargeant le juge de renvoyer la décision de l'opposition au tribunal de district. Des lois postérieures l'autorisaient même à décerner le mandat d'arrêt en cas de violences. Le nouveau code de procédure, en apportant quelques modifications à cette marche simple, n'empêche cependant point le juge de paix de passer outre. Pour en mieux juger, rapportons l'article 921 : « Si les portes sont fermées, s'il se rencontre des obstacles à l'apposition des scellés, s'il s'élève, soit avant soit pendant le scellé, des difficultés, il y sera statué en référé par le président du tribunal. A cet effet, il sera sursis et établi par le juge de paix garnison extérieure, meme intérieure, si le cas y échet; et il en référera sur-le-champ au président du tribunal. »

Tel est le premier paragraphe de cet article; et, suivant lui, le juge de paix ne pourrait décider sur l'ouverture des portes ni passer outre. Mais reconnaissant bientôt les dangers d'un sursis, les frais d'une double garnison, les inconvénients du transport pour le référé, et des délais inévitables qui s'ensuivent, le législateur a ajouté un second paragraphe : « Pourra cependant le juge de paix statuer, par provision, sur les difficultés qui se présentent, s'il y a péril dans le retard, sauf à en référer ensuite au président du tribunal. »

Voilà qui concilie tout, parce qu'il est difficile qu'il n'y ait pas de danger dans le retard d'une apposition de scellés. Rien de plus facile en effet pour des opposants que de faire disparaître ce qu'il y a de plus précieux dans une succession, pendant la durée du sursis, et même malgré des garnisaires très-faciles à écarter. D'ailleurs, en passant outre, le juge de paix ordonne le référé de suite, à la fin de son opération, et enjoint aux parties de comparaître devant le président du tribunal de première instance, le jour même s'il se peut, ou le lendemain au plus tard. Alors les intérêts de l'opposant lui-même ne peuvent être compromis.

Si, avant ou pendant l'apposition du scellé, une partie demande au juge de paix de faire perquisition d'un testament annoncé, il doit y déférer ; et si le testament est découvert, il en constate la suscription et le sceau dans le cas où il serait cacheté ; il en paraphe l'enveloppe avec les parties présentes, si elles le savent ou le peuvent faire ; enfin il indique les jour et heure où le paquet sera par lui présenté au tribunal de première instance, et il exprime le tout par son procès verbal. (*Articles* 916 *et* 917 *du Code.*)

Il doit être procédé de la même manière pour tous autres papiers cachetés qui se trouvent lors de l'apposition. Cependant, par un abus fréquent qui ne devrait pas être toléré, des parties intéressées ou des exécuteurs testamentaires, se permettent, avant l'apposition du scellé, de rechercher seuls et de présenter même au président du tribunal les testaments olographes cachetés ou ouverts. Ce zèle officieux m'a souvent paru suspect. Pourquoi ne pas laisser ces recherches et ces présentations au magistrat désigné pour les faire, lors du scellé, et même avant? Si, comme la loi le dit textuellement, un intéressé ne fait que demander la perquisition, il ne doit donc pas l'opérer seul. N'est-ce pas là une suite importante de l'acte conservatoire que fait le juge? et cette mesure ne doit-elle pas s'étendre aux droits de tous? On n'en peut douter. Autrement, il faudrait dire que le scellé ne serait qu'une opération partielle et illusoire ; autrement encore, il dépendrait de la délicatesse ou de la mauvaise foi du particulier qui ferait la recherche, de conserver ou de supprimer le testament découvert. La soustraction des effets légués pourrait même s'ensuivre; alors, à défaut de preuves, le crime triompherait avec impunité.

Mais un fait plus étrange a eu lieu par une de ces recherches suspectes. De deux testaments découverts, dont l'un révoquait l'autre, celui qui était annulé reçut seul son exécution, parce que l'autre fut anéanti avant l'arrivée du juge de paix, qui, n'ayant vu aucune trace d'un fait aussi grave, ne put en dresser procès verbal. Mais tous ces désordres peuvent cesser par un moyen simple. Il suffit que messieurs les présidents des tribunaux de première instance refusent de recevoir, dans les cas d'apposition de scellés, toutes pièces ou testaments cachetés, ou olographes, d'autres mains que de celles des juges de paix.

Il arrive souvent que le transport du juge n'est requis que pour mettre à couvert la responsabilité des parents, ou d'autres individus présents au décès, attendu que le mobilier est nul ou de médiocre valeur. Dans le premier cas, il se fait un procès verbal de carence, et dans l'autre, une simple description d'effets. (*Article 924 du Code.*)

Il serait à désirer que dans cette dernière circonstance, la loi donnât plus de latitude aux juges de paix, afin d'éviter la consommation en frais de justice des petits mobiliers d'une valeur fort médiocre. Il arrive quelquefois à cet égard, qu'au lieu d'une mesure conservatrice, on applique aux pauvres une mesure spoliatrice, parce que les frais d'apposition et de levée de scellés, d'inventaire, de prisée et de vente, absorbent souvent la valeur de pareils mobiliers. Cet abus changerait entièrement, si la loi autorisait le juge de paix, après avoir fait une simple description du mobilier, à le faire vendre sans autre formalité qu'un simple procès verbal de commissaire-priseur, en sa présence et celle de la partie requérante seulement, toutes les fois qu'il y a des absents ou des mineurs intéressés dans la succession.

Ces formes abrégées ont déjà été employées plusieurs fois, autant par raison d'économie forcée, que par bienfaisance même, sans que le ministère public ni les cours et tribunaux aient annulé les opérations. D'ailleurs les procès verbaux de simple description d'effets de peu de valeur, sont des sortes de procès verbaux de carence. Alors c'est à peu de chose près comme s'il n'y avait pas de mobilier. *Parum pro nihilo putatur.*

Au reste, c'est de cette manière sommaire qu'il est déjà prescrit de procéder pour les successions des militaires attachés à des corps. L'instruction de son excellence le ministre de la guerre, du 15 novembre 1809, approuvée par décret, ne prescrit autre chose, après l'apposition du scellé, que la description par le juge de paix des effets qui se trouvent sous les scellés, et ensuite la vente publique sur la simple description. *V.* SCELLÉS APRÈS DÉCÈS DES MILITAIRES.

Cependant, s'il se trouvait parmi les très-modiques successions dont nous parlons, des titres et papiers qui présentassent quelque intérêt, l'apposition des scellés et l'inventaire seraient indispensables.

La régie des domaines est tenue, dans l'intérêt de l'État, de faire apposer les scellés sur le mobilier appartenant aux prévenus mis en accusation. La loi du 8 germinal an 7, celle du 21 floréal an 8, et une décision du ministre de la justice du 7 fructidor même année, l'ont ainsi prescrit. Il y en a même une circulaire de la régie de l'enregistrement rapportée par Sirey, *tome* 1er, *partie* 2, *page* 169. Je ne connais aucune disposition contraire dans les nouveaux codes, ou du moins qui puisse faire penser que les anciennes lois sont abrogées. On y trouve même quelque analogie dans l'article 25 du code civil, qui retrace les effets de la mort civile. C'est ainsi que cet article est cité par Sirey. Il cite de même les articles 533 et 544 du même code, mais ils ne s'appliquent point à la régie dans aucun cas.

Les héritiers *ab intestat*, lors même qu'ils ne sont pas au nombre de ceux en faveur desquels la loi fait une réserve, peuvent requérir l'apposition des scellés, quoique le légataire universel leur exhibe le testament olographe par lequel il est institué, et que *la validité de ce testament ne soit pas contestée.* (*Arrêt de la cour de Nîmes du* 27 *décembre* 1810.)

Malgré une dispense faite par un testament qui institue un légataire universel en usufruit, de faire inventaire, et même de fournir caution, les héritiers du testateur sont fondés à requérir l'apposition du scellé, et à demander la description des titres et papiers concernant la succession; mais le tout à leurs frais. (*Arrêt de la cour de Bruxelles, du* 18 *décembre* 1811, motivé sur l'article 601 du Code civil.)

Les parents les plus proches d'une personne décédée peuvent requérir la levée des scellés et l'inventaire des biens de la succession, malgré que la loi ne fasse aucune réserve en leur faveur, et qu'il existe un testament public qui lègue la succession à un tiers. Il suffit, pour les y autoriser, que l'annulation du testament soit poursuivie. C'est du moins ce qui a été jugé par deux arrêts de la cour de Bruxelles, des 20 novembre 1810 et 9 mars 1811.

Le serment déféré par le juge de paix à ceux qui se trouvent dans la maison en laquelle il appose le scellé, n'empêche pas les héritiers ou autres intéressés d'en déférer un autre, et de poursuivre ensuite, s'il y a lieu, pour faits de soustraction, les mêmes individus qui ont fait le serment. (*Arrêt de la cour de Turin, du* 7 *février* 1807.)

SCELLÉS APRÈS DÉCÈS DES MILITAIRES ÉTANT A LEUR CORPS. Ces scellés s'apposent par les juges de paix et non par aucun officier des troupes auxquelles appartenaient les militaires décédés; à moins que ces corps ne fussent hors du territoire français; alors il appartient aux quartiers-maîtres et aux inspecteurs aux revues d'apposer le scellé sur les effets des militaires décédés. Mais, en France, comme je l'ai déjà dit ailleurs, il n'y a que les juges de paix qui aient le droit d'apposer les scellés. Ainsi, si dans l'intérieur du royaume, des officiers militaires apposaient de prétendus scellés, les juges de paix ne doivent pas manquer de les croiser, et n'y avoir aucun égard lors de la levée.

On procède à cette sorte d'apposition de la même manière que dans toute autre circonstance. Mais leurs reconnaissance et levée se font avec des formes plus simples qu'à l'égard des autres successions. Ces formes sont établies et autorisées par une instruction du ministre de la guerre, sanctionnée par décret, et servant de code aux militaires. Elle est en date du 15 novembre 1809. En voici un extrait, article 123 du titre 3.

« Lorsqu'un militaire, appartenant à un corps, viendra à décéder sur le territoire français, le juge de paix de l'arrondissement en sera aussitôt prévenu; il mettra les scellés sur les effets du décédé. Le scellé sera levé dans le plus bref délai, en présence d'un officier chargé par le conseil d'administration d'y assister, et de signer le procès verbal de désignation des effets. La vente en sera faite avec les formalités requises par les lois, et le produit, déduction faite des frais constatés, remis au conseil d'administration, qui le déposera dans la caisse du corps, et restera responsable envers les héritiers du montant de la succession. »

Ainsi le juge de paix ne doit exiger pour la levée du scellé d'autre représentation des héritiers, que celle de l'officier délégué par le conseil d'administration; il ne doit pas également exiger d'inventaire dans les formes ordinaires. C'est lui seul qui fait la description des effets qui se trouvent sous les scellés, et cette description tient lieu d'inventaire.

SCELLÉS CHEZ LES DÉPOSITAIRES PUBLICS. Lorsqu'un notaire, greffier, receveur, ou tout autre dépositaire vient à décéder, le scellé doit être apposé sur ses minutes, registres, caisses et tous autres objets qui appartiennent à ses fonctions publiques. Mais il ne doit l'être que sur cela, et non sur les meubles, effets, titres et papiers particuliers du décédé, à moins qu'il n'y eût lieu de le faire dans les cas prescrits par la loi. Mais alors il doit être rédigé deux actes séparés, l'un pour l'objet du dépôt, l'autre pour le mobilier de la succession. (*Voyez l'art.* 911, *n*° 3 *du Code de procédure.*)

Les juges de paix doivent procéder d'office à l'apposition des scellés chez les dépositaires publics, aussitôt qu'ils sont informés de leur décès. On doit considérer au rang des dépositaires, les officiers généraux et autres supérieurs. C'est ainsi que l'a décidé l'arrêté du gouvernement du 13 nivose an 10, dont l'article premier porte que « les scellés seront apposés par le juge de paix, en présence du maire du lieu ou de son adjoint, sur les papiers, plans, cartes et mémoires des officiers généraux, des inspecteurs aux revues, des officiers de santé en chef des armées, des officiers supérieurs de toute arme, retirés ou en activité de service, aussitôt leur décès, excepté cependant sur les plans, cartes et mémoires dont le décédé serait auteur ;

» Et seront tenus les juges de paix et maires respectivement d'en instruire de suite le général commandant la division, et le ministre de la guerre. »

SCELLÉS EN CAS DE FAILLITE. Ils ont lieu de deux manières, ou d'office sur la notoriété acquise de l'état du failli, ou en vertu d'un jugement du tribunal de commerce portant déclaration de l'ouverture de la faillite. (*Articles* 449 *et* 450 *du Code de commerce.*)

On peut demander dans quelles circonstances une faillite est notoire, attendu que la loi ne s'explique que sur son ouverture. L'ordonnance de 1673 établissait cette notoriété quand le débiteur *serait retiré.* Il y avait encore notoriété, d'après l'ancienne jurisprudence, quand le failli avait obtenu des lettres de répit, ou un arrêt de défenses générales. Mais aujourd'hui la retraite du débiteur, la clôture de ses magasins, les actes constatant le refus d'acquitter ou de payer des engagements de commerce ; tout cela ne constate l'ouverture de la faillite que lorsqu'il y a cessation de paiements ou déclaration du failli. (*Art.* 437, *Code de commerce.*)

Voilà bien deux circonstances positives qui déterminent l'ouverture de la faillite ; mais alors il n'y a pas toujours notoriété, car la cessation de paiements peut n'être connue que du débiteur et d'une partie des créanciers ; et, si elle n'est pas suivie d'une déclaration quelconque ou de poursuites d'un créancier, le tribunal de commerce lui-même ne déclare pas la faillite ouverte. Cependant si, avec les deux circonstances dont nous parlons, il y avait retraite du débiteur et clôture de ses magasins, je pense que le juge de paix pourrait regarder la notoriété acquise, et apposer le scellé, sans attendre ni déclaration, ni envoi de jugement. Il importe aux droits de tous que tout ce qui appartient à la faillite soit promptement mis en état de sûreté et de conservation.

Le scellé doit être apposé sur les magasins, comptoirs, caisses, portefeuilles, livres, registres, papiers, meubles et effets du failli; et, s'il y a société collective, les scellés sont mis, non-seulement dans le principal établissement de la société, mais encore dans le domicile séparé de chacun des associés solidaires. (*Articles* 451 *et* 452 *du Code de commerce.*).

Dans tous les cas, *dit la loi*, le juge de paix adressera sans délai au tribunal de commerce le procès verbal d'apposition des scellés. (*Art.* 453, *ibid.*

On a généralement pensé qu'il y avait ici une erreur dans l'impression du texte, et que la loi n'avait entendu faire adresser qu'une expédition du procès verbal de scellés au tribunal de commerce, et non la minute; autrement, ce serait déroger à la règle générale, qui ne permet aucun déplacement des minutes des actes publics, et qui en rend responsables par corps tous les dépositaires. *Voyez*, *pour le complément de cet article*, LEVÉE DE SCELLÉS, INVENTAIRE APRÈS FAILLITE, RÉFÉRÉ.

SCELLÉS POUR CAUSE DE SÉPARATION DE BIENS. Lorsqu'une femme poursuit sa séparation de biens d'avec son mari, attendu que ses droits dotaux sont en péril, elle peut faire des actes conservatoires pendant le litige, et principalement faire apposer les scellés sur tout ce qui compose la communauté mobilière; mais elle doit d'abord être autorisée à plaider sous l'autorité de la justice, et même à faire mettre le scellé. *Voyez l'article* 865 *du Code de procédure.*

On procède à ces appositions de scellés dans les mêmes formes que celles qui ont lieu après décès. Le juge de paix doit toujours se faire représenter l'ordonnance du président de première instance qui autorise les poursuites, et en faire mention dans son procès verbal.

SÉPARATION DE BIENS. *V.* SCELLÉS POUR CAUSE DE SÉPARATION DE BIENS.

SERMENT. C'est un acte à-la-fois judiciaire et religieux, par lequel on jure, devant un ou plusieurs juges, de dire la vérité sur les faits dont il est question dans une cause jugée ou à juger.

Le serment se fait en levant la main droite devant le tribunal ou le juge qui a droit de le recevoir, et en prononçant la formule qu'il dicte lui-même à celui qui jure. Les prêtres jurent en mettant la main droite *in pectus*.

Il est désirable que les magistrats, avant de recevoir un serment, en fassent connaître toute la sainteté à ceux qui, par défaut d'éducation, pourraient le regarder comme une chose légère; il importe que l'affirmant sache que, s'il trahit ou altère seulement la vérité, il se rend coupable envers la société, la loi et la Divinité; qu'alors il s'expose à-la-fois au mépris public, aux punitions de la justice, à la vengeance céleste, et à des remords continuels.

Il y a plusieurs sortes de serments: celui que les fonctionnaires et les magistrats eux-mêmes prêtent à leur installation, celui qui est fait sur la sincérité de différents procès verbaux, celui qui est déféré par une partie à l'autre et que l'on nomme *décisoire*, celui que le juge défère d'office, ceux prêtés par des témoins appelés judiciairement, par des experts sur des opérations déléguées, par des tuteurs, curateurs aux causes, subrogés tuteurs, etc., en acceptant leurs fonctions.

Les juges de paix reçoivent tous ces serments suivant leurs attributions. Entrons dans quelques détails sur chacun.

Premier. Les huissiers des juges de paix prêtent serment devant ces magistrats, lors de leur installation. Il en est de même des employés aux impôts indirects, de l'octroi et des gardes-champêtres. Avant ce serment, ces différents fonctionnaires ne peuvent exercer légalement leurs fonctions; tout acte qu'ils feraient sans être assermentés, serait nul. Voici la formule de ce serment : *Je jure fidélité au Roi, obéissance à la Charte, soumission aux lois du royaume, et de remplir fidèlement et équitablement les fonctions qui me sont confiées.*

Second. Les mêmes employés, gardes, et les fonctionnaires désignés dans l'article 2 de la loi du 29 floréal an 10, prêtent serment sur la sincérité de leurs procès verbaux, devant le juge de paix, dans les vingt-quatre heures de la rédaction de leurs actes (1). Cependant les employés des octrois et des impôts indirects ont trois jours pour faire cette affirmation, d'après le décret du 1er germinal an 13, art. 25.

Les gardes peuvent aussi affirmer leurs procès verbaux devant le maire ou l'adjoint de la commune, mais seulement *à défaut* du juge de paix. La loi du 25 thermidor an 4, qui attribuait ces affirmations aux juges de paix *seuls*, a été modifiée depuis par une disposition absolument nouvelle en jurisprudence, et qui même déroge *en ce point* à l'ordre général, d'après lequel l'autorité administrative ne peut jamais s'immiscer dans l'exercice du pouvoir judiciaire.

La rédaction des actes d'affirmation doit contenir, à peine de nullité, la mention de la lecture

(1) Comment courent ces vingt-quatre heures ? *De momento ad momentum,* et non *de die ad diem.* Ainsi un procès verbal clos aujourd'hui à sept heures du matin, doit être affirmé demain à la même heure au plus tard. (*Arrêt de la cour de cassation, du 5 janvier 1809. Loi du 12 septembre 1791.*)

du procès verbal, qui doit être faite aux affirmants avant leur serment.

Le délai de vingt-quatre heures pour cette affirmation ne compte pas du moment du délit ou de sa reconnaissance, mais seulement de l'instant de la signature du procès verbal. C'est ce qui a été jugé par un arrêt de la cour de cassation, du 2 messidor an 13.

Troisième. Le serment que des experts font, peut être reçu par le juge de paix, quand il les a nommés d'office, ou que les parties sont convenues de leur choix devant lui. Le code de procédure contient une lacune sur ce point, au titre des justices de paix; mais il n'est pas moins nécessaire, pour que des experts opèrent légalement, qu'ils prêtent auparavant le serment d'estimer, apprécier ou visiter les choses confiées à leur examen, en leur ame et conscience. D'ailleurs il est peu de circonstances qui rendent indispensable l'emploi d'experts devant le tribunal du juge de paix, puisque celui-ci doit le plus souvent faire lui-même les visites et les appréciations qui ont lieu en vertu de ses propres jugements. Cependant ils sont nécessaires: 1° lorsque le juge *établit* par une condamnation, l'alternative de payer ou une somme fixe, ou suivant une estimation par experts; 2° lorsque le juge de paix ordonne qu'il sera assisté d'experts dans une opération.

Quatrième. Le serment des tuteurs, subrogés tuteurs, curateurs aux causes ou *ad hoc*, se fait par le même acte de leur nomination; il consiste simplement à jurer de remplir fidèlement les fonctions qui leur sont déléguées. Auparavant ce serment, les tuteurs, curateurs, subrogés tuteurs, ne peuvent valablement exercer leurs fonctions. Cependant la cour d'Aix a jugé qu'une instance peut être reprise par un subrogé tuteur avant sa prestation de serment, si toutefois elle a eu lieu après. (*Arrêt du* 26 *prairial an* 13.)

Cinquième. Le serment *décisoire* est celui qui est déféré ou référé par une partie à l'autre. Il s'appelle ainsi parce qu'il décide la contestation d'une manière irrévocable (1). Le juge de paix peut le recevoir dans toute espèce de contestations de sa compétence, même dans les causes qui ne lui sont pas attribuées, lorsqu'elles sont portées devant lui en conciliation. *V.* CONCILIATION.

La législation nouvelle a introduit quelques changements à l'ancienne jurisprudence sur le serment décisoire et sur le serment déféré d'office. Je me borne à établir les règles actuelles, en y comparant cependant ce qui a été maintenu de l'ancienne législation.

On ne peut déférer le serment décisoire, que sur un fait personnel à celui auquel on le demande. Ce serment peut être déféré en tout état de cause, lors même qu'il n'existe pas de preuve pour ou contre le fait.

Celui qui a offert ou déféré le serment ne peut plus se rétracter quand son adversaire a déclaré

(1) *Leg.* 5, § 2. *Leg.* 34, *in fine, de Jurejurando,* § 11. *Instit, de Actionib.*

qu'il est prêt à le faire. (*Article* 1364, *Code civil.*) Autrefois il pouvait se rétracter, *re integrâ*, en faisant preuve par témoins (1).

Mais si la partie à laquelle le serment est offert refuse de le faire, elle doit succomber dans son exception ou dans sa demande, à moins qu'elle ne réfère à son tour le même serment à son adversaire. Cette règle est de rigueur. (*Quia manifestæ pravitatis est, nec jurare velle, nec solvere. Leg. manifestæ* 38, *ff. de Jurejurando.*) *V. l'art.* 1361 *du Code civil.*

Cependant il faut admettre une exception sur ce point : si le serment décisoire est déféré à un héritier pour ou contre la légitimité d'une dette, il peut le refuser, parce qu'il est possible qu'il ne soit pas instruit des actions de celui qu'il représente. Mais il peut être contraint d'affirmer qu'il croit telle chose vraie ou équitable. C'est ce qu'on appelle *serment de crédulité. Itaque hæres potest tantùm cogi jurare se credere rem ità esse peractam, nec ab eo quidquam aliud potest exigi, juramento de credulitate præstito.*

Lorsque le serment décisoire est accompli, on n'est plus recevable à en prouver le fausseté, et il forme preuve du fait affirmé. Il libère le débiteur, ses héritiers ou ses cautions, ou ses codébiteurs sur l'objet de la dette, mais non sur la solidarité. (*Articles* 1363 *et* 1365 *du Code civil.*)

Aucun serment, même décisoire, n'est admis contre un jugement passé en force de chose

(1) *Leg.* 11, *Cod. de reb. credit.*

jugée. Du moins c'est ce qui a été jugé par arrêt de la cour de Turin, du 15 juillet 1806. Mais il peut être admis contre et outre le contenu en une lettre de change, en un billet et dans un acte passé devant notaires. Trois arrêts des cours de Turin et de Colmar l'ont décidé ainsi. Ils sont en date des 30 frimaire et 10 nivose an 14, et 19 juillet 1806. *V. le Dictionnaire des arrêts.*

Sixième. Le serment déféré d'office l'est aussi bien par les juges de paix comme par tous autres juges; mais il ne peut être déféré que sous deux conditions : la première, que la demande ou l'exception ne soit pas pleinement justifiée; la seconde, que cette demande ou cette exception ne soit pas entièrement dénuée de preuves. (*Article* 1367, *ibid.*) *Hors ces deux cas, dit le même article*, le juge doit rejeter ou adjuger purement et simplement la demande : la rejeter quand elle n'est pas justifiée, et l'admettre quand elle l'est.

Cependant, la cour de cassation, par arrêt du 5 juillet 1808, a décidé que le juge peut déférer le serment au demandeur, encore qu'il n'ait en sa faveur aucun commencement de preuve par écrit. Si cette décision peut être regardée; comme conforme à l'ancienne jurisprudence, elle n'est pas moins formellement opposée au texte du code civil, et sans doute il faut des circonstances extraordinaires pour motiver une pareille décision; autrement, l'arbitraire se mettrait bientôt à la place des plus sages règles.

La même cour a décidé aussi que c'est au débiteur que doit être déféré le serment (lorsque le créancier n'a d'autre titre que son aveu), par lequel il déclare qu'il a été débiteur, mais qu'il a payé depuis. Cet arrêt, qui est du 12 fructidor an 13, rentre dans l'esprit de la loi (*article* 1367), parce que l'aveu conditionnel est indivisible, et qu'il ne peut profiter au demandeur, mais bien être admis ou rejeté sans division.

Quand le juge de paix a déféré d'office le serment à l'une des parties, elle ne peut le référer à l'autre comme serment décisoire; mais si elle refuse de le faire, elle est condamnée ou déboutée. (*Article* 1368, *ibid.*)

S'il s'agit de la valeur d'une chose demandée, le juge ne peut déférer le serment que lorsqu'il est d'ailleurs impossible de constater autrement cette valeur, excepté cependant lorsqu'il s'agit du prix d'un bail verbal, par lequel la loi veut positivement que le demandeur (le propriétaire) en soit cru à son serment lorsqu'il n'y a pas de quittance, sauf au preneur (au locataire) à faire estimer à ses frais l'objet loué ou affermé. (*V. l'article* 1716 *du Code civil.*)

Septième. Enfin le serment qui doit être prêté par ceux qui se trouvent dans la maison en laquelle sont apposés les scellés.

Quoique le juge de paix ait déféré le serment d'office à ceux qui seraient par la suite prévenus de soustractions des meubles de la succession, les héritiers, légataires, opposants ou autres intéressés peuvent déférer un nouveau serment, malgré lequel ils ne conservent pas moins le droit de justifier par la suite les soustractions dont ils se plaignent. C'est du moins ce qui a été jugé par la cour de Turin, le 7 février 1807. *Voyez* Sirey, *tome* 15, *deuxième partie*, *page* 203.

SERVICES ET SECOURS *requis dans les accidents, tumultes, naufrages, inondations.* Ceux qui refusent (le pouvant faire) de prêter de tels secours, sont en contravention, et dès-lors passibles des peines prononcées par l'article 475, n° 12, du code pénal. Nul n'est exempt de donner de tels secours. *V.* ACCIDENTS, CONTRAVENTIONS DE DEUXIÈME CLASSE, N° 12.

SOUSTRACTION D'EFFETS. Lorsque des soustractions d'effets ont lieu avant ou après l'apposition du scellé, le juge de paix est spécialement chargé d'en faire les recherches et constatations, soit qu'il les découvre dans l'exercice de ses fonctions, ou autrement. Dans tous les cas, il en dresse procès verbal, qu'il envoie avec les pièces de conviction, s'il y en a, au procureur du roi, dans les vingt-quatre heures. (*Article* 53, *Code d'instruction criminelle.*)

Mais s'il y avait flagrant délit ou réquisition d'un chef de maison, alors le juge de paix serait tenu de faire tous les actes, procès verbaux et visites qui sont de la compétence des procureurs du roi.

SUBROGÉ TUTEUR. C'est le contradicteur et le surveillant du tuteur. En toute tutelle il y a un subrogé tuteur, nommé par le conseil de famille; ses fonctions consistent à agir pour les intérêts du mineur, lorsqu'ils sont en opposition avec ceux du tuteur ; à surveiller le tuteur dans son administration ; à provoquer même sa destitution dans les cas prévus par la loi ; à faire enfin remplacer le tuteur décédé.

La nomination du subrogé tuteur doit se faire, 1° pour les tutelles dévolues aux pères, mères, aux ascendants mâles, et aux tuteurs spécialement nommés par le dernier mourant des père et mère, avant que le tuteur ou la tutrice puisse entrer en fonctions ; car s'ils s'ingèrent dans la tutelle sans avoir fait faire cette nomination, le conseil de famille, convoqué soit sur la réquisition des parents, soit d'office par le juge de paix, peut lui retirer la tutelle s'il y a eu dol de la part du tuteur, sans préjudice des indemnités dues au mineur.

2° Dans les autres tutelles, la nomination du subrogé tuteur a lieu immédiatement après celle du tuteur et par le même acte. Le parent nommé tuteur ne vote pas pour la nomination du subrogé tuteur ; la loi lui interdit cette faculté.

On ne peut choisir un subrogé tuteur dans la même ligne que celle du tuteur, c'est-à-dire, que si celui-ci est un parent paternel, le subrogé tuteur doit être pris dans la ligne maternelle. Il en est ainsi des amis qui remplacent telle ligne ou telle autre. Cependant il y a exception à cette règle dans le cas où les frères germains composent seuls le conseil de famille. (*Voyez les articles 420 et suivants du Code civil.*)

On nomme aussi un subrogé tuteur à l'interdit suivant les règles prescrites par le titre *de la minorité, de la tutelle et de l'émancipation*, du code civil. Mais cette nomination ne peut se faire que lorsqu'il n'y a pas d'appel du jugement d'interdiction, ou s'il est confirmé sur l'appel. (*Articles* 505, *Code civil, et* 895, *Code de procédure.*)

La première fonction d'un subrogé tuteur, c'est d'obliger le tuteur à faire inventaire du mobilier de la communauté ou de la succession dans laquelle le mineur est intéressé. Pour cela il choisit, soit un commissaire-priseur dans les lieux où ces officiers opèrent exclusivement, soit un expert, qui prête serment devant le juge de paix. (*Article* 453, *Code civil.*)

Si le subrogé tuteur n'oblige pas le tuteur à faire inventaire, il est solidairement tenu avec lui de toutes les condamnations qui peuvent être prononcées contre le tuteur au profit des mineurs. (*Article* 1442, *ibid.*)

Cette disposition a paru impliquer contradiction avec l'article 453 précité, qui porte que pendant tout le temps que les pères ou mères ont la jouissance propre et légale des biens des mineurs, ils sont dispensés de les vendre s'ils préfèrent les garder en nature; mais qu'en ce cas ils doivent en faire faire une estimation par un expert qui prête serment devant le juge de paix.

On a dit que cette estimation ne pouvait être autre chose qu'un inventaire notarié, d'autant qu'à défaut de cet inventaire, la loi inflige des peines au tuteur et au subrogé tuteur solidairement. Il me semble que cette assertion force le texte et l'esprit de la loi, qui, dans l'hypothèse de l'article 453, ne prononce qu'une estimation au lieu d'un inventaire. Si le législateur eût voulu en cette circonstance exiger l'inventaire du conjoint survivant, il n'eût pas prescrit un simple état estimatif par un expert; et si encore il eût entendu que cet état ne fût que l'inventaire lui-même, il n'aurait pas statué que l'état estimatif serait fait aux frais du conjoint survivant, parce que l'inventaire est toujours fait aux dépens de la communauté. Une explication législative serait désirable sur ce point, principalement pour les successions dont le très-médiocre mobilier est absorbé en grande partie par les frais d'inventaire, de prisée, de vente, etc.

Tout subrogé tuteur a le droit de se pourvoir contre une délibération du conseil de famille, qui n'est pas unanime. Ce droit est commun au tuteur, et à tous les membres de l'assemblée; ils forment leur demande contre ceux qui ont été d'avis de la délibération, sans qu'il soit nécessaire d'appeler en conciliation. (*Article* 883, *Code de procédure.*)

Pendant le cours de la tutelle, le subrogé tuteur peut contraindre le tuteur, sauf le père ou la mère, à lui fournir des états de situation de sa gestion, à des époques déterminées par le conseil de famille, sans néanmoins que le tuteur puisse être astreint à en fournir plus d'un chaque année. Ces états de situation sont rédigés et remis sans frais, sur papier non timbré, et sans aucune formalité de justice. (*Article* 470 *du Code civil.*)

La subrogée tutelle cesse avec la tutelle, mais le subrogé tuteur ne remplace pas de plein droit le tuteur; car, en cas de vacance ou d'abandon de la tutelle, le subrogé tuteur provoque la nomination d'un nouveau tuteur, sous peine, dit la loi, des dommages-intérêts qui pourraient résulter pour le mineur. (*Articles* 424 *et* 425, *ibid.*)

On peut destituer un subrogé tuteur de la même manière et pour les mêmes faits que l'on destitue un tuteur, c'est-à-dire, pour inconduite notoire, ou pour incapacité, ou infidélité. On peut aussi dispenser un subrogé tuteur nommé d'en accepter les fonctions, par les mêmes motifs qu'il y a lieu de dispenser de la tutelle, parce que les dispositions du code civil relatives à ces dispenses et destitutions sont communes aux tuteurs et aux subrogés tuteurs. *V.* Destitutions et dispenses de la tutelle.

Si un tuteur infidèle divertissait le mobilier de son mineur, le subrogé tuteur qui n'en aurait pas empêché, ou du moins pris les mesures convenables pour y parvenir, serait responsable envers le mineur des dommages qu'il aurait éprouvés. C'est ce qui a été jugé par la cour de Paris, le premier mai 1807. (*Jurisprud. Cod. civ.*, *tom.* 9, *p.* 24.)

En cas de licitation d'un immeuble appartenant à un mineur, ou de vente volontaire, la présence en cause d'un subrogé tuteur est indispensable. L'article 459 du code civil, en contient une disposition précise, et la cour de Paris a rendu un arrêt conforme à cette disposition le 12 fructidor an 11. Il en est ainsi en cas de partage d'immeubles.

SUPPLÉANTS DE JUGES DE PAIX. Ce sont des officiers nommés pour remplacer, en cas d'absence, empêchement ou délégation, les juges de paix, dans l'exercice de leurs fonctions; mais hors ces circonstances, les suppléants sont sans autorité ni caractère quelconque.

Ainsi ils ne remplacent pas les assesseurs que le législateur avait donnés autrefois aux juges de paix, puisque les assesseurs délibéraient avec le juge dans tous les jugements qu'il prononçait.

Les suppléants appelés par absence, délégation ou empêchement, exercent dans toute leur étendue les fonctions de juge de paix, tant au civil qu'en police et en matières non contentieuses ou extraordinaires. S'ils exercent ces fonctions pendant plus de huit jours, ils ont droit à un traitement proportionné au temps de leur exercice, et ce traitement n'est autre que celui des juges qui, en tiennent compte à leurs suppléants; ils ont de même droit aux vacations accordées par les réglements, pour les opérations auxquelles ils procèdent; ils ont enfin le droit d'assister aux solennités publiques avec les juges de paix, mais ils n'ont aucun costume.

Si un suppléant concourt sans nécessité à un jugement, il est nul pour cela seul (*article 12 de la loi du 27 ventose an* 8); ce qui a lieu encore que le suppléant n'ait été récusé par aucune des parties : dans ce cas, le jugement doit être attaqué par voie de cassation. (*Arrêt du* 18 *novembre* 1811, *cour suprême.*)

Le service des suppléants les exempte de celui de la garde nationale, et d'être appelés comme jurés dans les affaires criminelles. Cependant, quelques cours d'assises ont prétendu que les exemptions établies par les lois en faveur des juges suppléants, ne s'étendaient pas à celles des juges de paix, parce qu'ils ne sont pas juges habituels, mais seulement accidentels. On peut dire qu'un suppléant de juge de paix doit toujours être prêt à le suppléer dans tous les cas imprévus, et que pour cela sa présence habituelle au chef-lieu de la justice de paix est nécessaire. On peut dire encore que la distinction établie par les cours d'assises n'est point faite par la loi, dont les dispositions sont au contraire générales en faveur de tous suppléants, et que dès-lors nul ne peut distinguer, ni créer de privilége pour les uns au préjudice des autres. On peut dire enfin qu'aucun juge suppléant, civil, ou de commerce, ne délibère ni n'exerce jamais qu'en cas d'empêchement ou d'absence des juges ordinaires; et c'est ce que fait le suppléant d'un juge de paix. Il y a donc entre eux parité égale.

SURSIS. Les juges de paix, comme tous autres, peuvent accorder des délais aux débiteurs pour se libérer; mais ils ne doivent le faire qu'en faveur des débiteurs de bonne foi. A cet effet, ils prononcent un sursis à l'exécution de leurs jugements pendant un temps déterminé, convenable aux sommes dues, aux circonstances et aux facultés des personnes.

On ne doit faire usage de ce pouvoir discrétionnaire, accordé par l'article 1244 du code civil, qu'avec beaucoup de prudence et de modération; la loi elle-même s'en exprime ainsi. Ce serait nuire au créancier ou du moins compromettre ses droits, que de donner de trop grandes facilités à son débiteur. Mais comme, pendant la durée du sursis, toutes choses demeurent en état, et qu'il est réservé au créancier de faire des actes conservatoires, il y a justice égale pour les deux parties, et en même temps secours pour le débiteur.

Si on me dit que les actes conservatoires pourront paralyser la facilité accordée au débiteur, je réponds que, sans actes conservatoires, le débiteur peut aussi, pendant le sursis, faire disparaître les ressources que sa situation offrait d'abord à son créancier, et que ce n'est pas pour pratiquer de tels procédés, que la loi permet de donner des délais au débiteur; elle veut, au contraire, que, pendant la durée du sursis, toutes choses demeurent en état. Tels sont ses termes.

S'il s'agit de sommes très-médiocres, et si la conduite ou la responsabilité du débiteur offre au créancier des garanties suffisantes, le juge de paix peut accorder un sursis pur et simple, sans autoriser les actes conservatoires.

T.

TÉMOINS. Quelles personnes ne peuvent être

témoins en matière civile, devant les juges de paix ? C'est ce qu'aucune loi n'a encore établi. Celle d'octobre 1790 et le code de procédure lui-même sont muets sur ce point. En attendant que cette lacune soit remplie, les juges de paix doivent se régler sur les dispositions établies pour les tribunaux de première instance.

« Nul ne pourra être assigné comme témoin, s'il est parent ou allié en ligne directe de l'une des parties, ou son conjoint, même divorcé. » (*Art.* 268, *Code de procédure.*)

La loi désigne ici ceux qui non-seulement ne peuvent être entendus comme témoins, mais même assignés. Ainsi il ne suffit pas de refuser l'audition de tels témoins, on doit encore faire supporter les frais de l'assignation à la partie qui les a indûment appelés.

On entend par parents en ligne directe, les aïeuls et aïeules, les pères et mères, les enfants et les alliés à ces mêmes degrés. Mais on n'y comprend pas les frères, sœurs, beaux-frères, belles-sœurs, que l'on désigne en droit par *agnati*, *cognati*, *consanguineï*, et qui, à ces titres, forment le premier degré de la ligne collatérale. Or ces premiers collatéraux peuvent donc être appelés comme témoins; mais la loi, suspectant justement leurs témoignages, autorise positivement toute partie à les reprocher; elle ordonne néanmoins de les entendre, ainsi que tout témoin reproché, sauf au juge à rejeter ensuite les dépositions ou d'y avoir tel égard que de droit en jugeant. (*Art.* 284, *ibid. V. l'art.* 283.)

Si des témoins, au lieu de prêter le serment

prescrit par la loi, ne font qu'une promesse de dire vérité devant le juge de paix, l'enquête est-elle nulle? La cour de cassation l'a jugé négativement le 19 avril 1810.

Dans les causes de police, il n'existe point de lacune à l'égard de ceux qui ne peuvent être témoins. L'article 156 du code d'instruction criminelle a posé des exceptions qui se bornent à très-peu de personnes, car la loi donne une grande latitude pour faire une preuve testimoniale en fait de contraventions et de délits. Comme j'ai été obligé de rapporter ailleurs le texte de la loi, et d'y faire plusieurs raisonnements qui contiennent tout ce que j'aurais à dire ici, tant pour le civil que pour la police, et que je ne dois pas me répéter, on voudra bien consulter, pour le complément de cet article, ceux REPROCHES, ENQUÊTE, et PROCÉDURES EN MATIÈRES DE POLICE.

TESTAMENTS. « Les testaments faits dans un lieu avec lequel toute communication est interceptée à cause de la peste ou autre maladie contagieuse, pourront être faits devant le juge de paix, ou devant l'un des officiers municipaux de la commune, en présence de deux témoins.

» Cette disposition aura lieu tant à l'égard de ceux qui seraient attaqués de ces maladies, que de ceux qui seraient dans les lieux qui en sont infectés, encore qu'ils ne fussent pas actuellement malades.

» Les testaments mentionnés aux deux précédents articles, deviendront nuls six mois après que les communications auront été rétablies dans le lieu où le testateur se trouve, ou six mois après qu'il aura passé dans un lieu où elles ne seront point interrompues. » (*Articles* 985, 986 *et* 987 *du Code civil.*)

TIERCE OPPOSITION. C'est l'acte par lequel un tiers qui n'est pas partie dans un jugement rendu entre deux autres personnes, demande que ce jugement soit réformé, en ce qu'il peut lui porter préjudice particulièrement.

Quoiqu'aucune disposition du code de procédure n'attribue pas *nommément* aux juges de paix la connaissance des tierces oppositions, on ne peut s'empêcher de les regarder comme entièrement compétents pour en connaître, toutes les fois que la tierce opposition est formée contre des jugements par eux rendus. L'ordre et la nature des choses le veulent ainsi : 1° nul ne peut réformer un jugement ou le confirmer, que le magistrat qui l'a rendu, à moins qu'il n'y ait appel; 2° la tierce opposition est absolument de même nature que la cause décidée par le jugement attaqué; ainsi elle rentre dans la même classe des attributions du juge qui a prononcé. Telle était l'ancienne jurisprudence.

3° L'article 475 du code de procédure dit aussi que « la tierce opposition principale sera portée au tribunal qui aura rendu le jugement attaqué. »

On distingue la tierce opposition en principale et incidente. La principale est celle qui se forme après le jugement du procès contre tous ceux qui veulent s'en prévaloir. Elle se fait par une simple citation comme toutes autres-actions ordinaires dans les justices de paix. Cependant, si le jugement attaqué est passé en force de chose jugée, et qu'il porte condamnation de délaisser la possession d'un héritage, il sera exécuté contre la partie condamnée, nonobstant la tierce opposition, et sans y préjudicier. Dans les autres cas, les juges pourront, suivant les circonstances, suspendre l'exécution du jugement. (*Article* 478 *du Code de procédure*, *imité du* 11e *du titre* 27 *de l'ordonnance de* 1667, *qui était conforme au* 51e *de celle de Moulins.*)

La tierce opposition incidente est celle qui survient pendant le cours d'une contestation non jugée. En ce cas, le tiers opposant se joint à l'une des parties, pour faire débouter ou condamner l'autre. Cet incident se forme de deux manières, ou par une citation ordinaire, ou par une simple intervention verbale à l'audience sans aucune écriture.

La partie dont la tierce opposition est rejetée, est condamnée à une amende qui ne peut être moindre de 50 francs, sans préjudice des dommages-intérêts, s'il y a lieu. Cette amende a pour but d'empêcher que les parties condamnées, ou qui doivent l'être, ne fassent usage de la tierce opposition pour éluder l'exécution des jugements. L'ordonnance de 1667, article 10, titre 27, établissait des amendes plus fortes que celles portées au nouveau code; savoir, 75 francs, lorsqu'il s'agissait d'une sentence, et 150 francs, s'il était question d'un arrêt ; ce qui était conforme à l'article 108 de l'ordonnance de François Ier, de 1539.

TRIBUNAUX DE POLICE. *Voyez* POLICE SIMPLE.

TUTELLE. C'est la protection due à l'enfant et au faible. Dans tous les pays policés, il y a des tutelles ; cependant on n'avait pas en France une loi générale et uniforme sur ce point, avant les assemblées législatives. On suivait diverses règles qui différaient entre elles suivant les coutumes locales et le droit écrit. Il y a maintenant en France cinq sortes de tutelles : celle des pères et mères ; celle que le survivant des conjoints peut conférer à un parent ou à un étranger ; celle des ascendants ; celle déférée par un conseil de famille, et la tutelle officieuse.

Je traiterai séparément de ces tutelles, parce que chacune donne des attributions aux juges de paix. Cependant toutes contestations relatives aux tutelles ne peuvent être décidées que par les tribunaux de première instance. Aucune loi n'a donné aux juges de paix une compétence contentieuse en ces matières, mais seulement une surveillance particulière et des opérations extrajudiciaires. Ces principes élémentaires ont néanmoins été révoqués en doute, puisque la cour d'Amiens a été obligée de les maintenir par un arrêt du 11 fructidor an 13.

On peut dire que cette règle générale souffre une seule exception ; c'est lorsqu'il s'agit de dispenses ou de destitutions de la tutelle. Le juge de paix présidant le conseil de famille, après avoir entendu les accusations portées contre le tuteur par un parent ou par le subrogé tuteur; après avoir ouï les excuses ou les défenses du tuteur, et pris l'avis des membres du conseil, prononce en sa qualité de président l'admission ou le rejet des dispenses, ou la destitution de la tutelle, s'il y a lieu, suivant la majorité des voix.

Cette décision est susceptible d'appel; elle peut être infirmée par les tribunaux de première instance, s'il y a lieu, soit sur la demande en homologation que doit obtenir cette décision avant d'avoir son effet, soit sur la plainte du tuteur non dispensé ou destitué. *Voyez* DESTITUTION et DISPENSE DE LA TUTELLE.

TUTELLE DU PÈRE OU DE LA MÈRE. Les différentes lois qui ont été portées depuis 27 ans sur cette espèce de tutelle, ont été fondues, modifiées ou étendues par le code civil. C'est donc d'après lui et d'après la nouvelle jurisprudence qu'il faut maintenant se diriger.

La tutelle appartient de droit au survivant des époux. Le père mourant peut cependant nommer à la mère un conseil spécial, sans l'avis duquel elle ne peut valablement faire aucun acte relatif à la tutelle, excepté le cas où le père ne soumet que certains actes à l'autorité du conseil. Alors la mère tutrice est capable de faire les autres actes. (*Article* 391, *Code civil.*)

La nomination de ce conseil se fait par acte de

dernière volonté ou par une déclaration faite devant le juge de paix assisté de son greffier, ou devant notaires. (*Article* 392, *ibid.*)

La mère tutrice, de son côté, peut nommer un conseil d'administration auquel elle confère tous ses droits; mais elle est libre de révoquer ce conseil quand il lui plaît, parce que la tutelle ne peut lui être enlevée que pour cause d'inconduite reconnue et jugée dans les formes établies, ou en cas de non-conservation lors d'un second mariage. C'est ce que la cour de cassation a résolu affirmativement par arrêt du 21 mai 1806.

La mère est tutrice de son fils interdit. Ainsi jugé par arrêt de la cour de Bordeaux, du 15 germinal an 13; je l'ai déjà dit. J'ai dit aussi que la tutelle appartient de droit au survivant des époux; mais cela s'opère-t-il *ipso facto* sans aucune formalité? Le tuteur de droit gère-t-il par lui-même de son autorité seule, dès l'ouverture de la tutelle? Répondre affirmativement à cette double question, serait commettre une double erreur. En désignant le père ou la mère survivant comme tuteur de droit de ses enfants, l'article 390 du code civil n'établit qu'un droit exclusif, mais non un privilége, une dispense de toutes formes, de tous modes d'exécution; autrement, elle confierait un pouvoir arbitraire qui ne peut exister dans toute législation sage. La loi établit, au contraire, autant de règles, de précautions et de surveillance à l'égard d'un tuteur de droit, qu'à l'égard d'un tuteur nommé par un conseil de famille. L'art. 421 du code civil décide d'ailleurs que, lorsque les fonctions de tuteurs seront dévolues à un époux survivant, il devra, avant d'entrer en fonctions, convoquer un conseil de famille pour la nomination d'un subrogé tuteur; et, reconnaissant l'extrême urgence de donner aux mineurs un surveillant contradicteur du père ou de la mère tuteur, l'article ajoute : « S'il s'est ingéré dans la gestion avant d'avoir rempli cette formalité, le conseil de famille pourra, s'il y a eu dol, lui retirer la tutelle, sans préjudice des indemnités dues aux mineurs.

Pour compléter ces dispositions, l'article 819 du même code ordonne que *les scellés seront apposés* toutes les fois que, dans une succession ouverte, il y aura des héritiers mineurs, sans distinction de successions directes ou collatérales, ni s'il y a un époux survivant ou non. Cependant il faut modifier ce dernier article par le 911e du code de procédure, qui prescrit d'apposer le scellé, soit sur déclaration ou réquisition, soit d'office, *lorsque seulement* les mineurs présomptifs héritiers seront dépourvus de tuteurs.

Ainsi, dès l'ouverture de la succession du premier décédé des époux, si le survivant refuse ou retarde la nomination du subrogé tuteur, il paraîtrait donc juste et nécessaire que le juge de paix apposât le scellé sur les meubles de la succession ouverte, puisque le survivant n'est tuteur légal que lorsque son subrogé tuteur est nommé; puisqu'à défaut d'inventaire, tout est à la discrétion du survivant, et qu'il est toujours en opposition d'intérêts avec ses enfants mineurs, jusqu'à cet inventaire; puisqu'enfin les mineurs n'ont d'hypothèque sur les biens du tuteur, que du jour de l'acceptation de la tutelle, acceptation qui n'a lieu que par l'acte de nomination du subrogé tuteur. Cependant une circulaire du grand-juge ministre de la justice, du 5 décembre 1808, établit un principe contraire; elle veut que le juge de paix ne puisse *d'office*, du moins aussitôt le décès du premier mourant des époux, apposer les scellés, parce qu'il y a des enfants mineurs. Le ministre se fonde sur ce que l'art. 911 du code de procédure a, dit-il, modifié, *en ce sens,* l'art. 819 du code civil; sur l'exposé des motifs du premier de ces articles par M. Siméon; et enfin sur un avis de la section de législation du conseil d'état, du 18 mars 1806, dont voici les termes (c'est le président de la section qui répond au ministre) :

« Sa Majesté, sur votre proposition, a renvoyé à la section de législation, votre rapport tendant à ce que le conseil d'état donnât son avis sur la question de savoir s'il *est nécessaire* d'apposer les scellés d'office, quand les mineurs sont sous la tutelle de leur père ou de leur mère survivant. La section pense avec vous qu'il n'a pas été dans l'intention du code civil de donner aux juges de paix cette mission, et qu'il ne présente aucun texte assez précis pour qu'on doive en tirer l'induction. Il a paru qu'il était convenable de faire cesser toute difficulté par une disposition du code de procédure, qui portera que le scellé pourra être apposé d'office, *si le mineur est sans tuteur* et que le scellé ne soit pas requis par un parent, la tutelle appartenant de droit au père ou à la mère survivante. »

Le ministre ajoute qu'on avait réclamé généralement contre les appositions de scellés faites d'office dans ce cas; mais je dois dire aussi qu'on réclame souvent, et peut-être plus généralement encore, contre la conduite du plus grand nombre des époux survivants, qui ne font jamais faire d'inventaire, ou ne le font que d'une manière tardive et frauduleuse, à la ruine des droits de leurs enfants. Au reste, comment le juge de paix pourra-t-il exécuter *d'office* l'article 421 du code, pour la nomination du subrogé tuteur, si le survivant s'y refuse ou ne la provoque pas? Connaîtra-t-il les généalogies de toutes les familles, pour appeler les plus proches parents au conseil? Et, s'il n'appelle que des amis, opérera-t-il régulièrement, quand il existera des parents qui lui seront inconnus? Comment encore s'établira l'hypothèque des mineurs sur les biens des tuteurs de droit, puisque cette hypothèque n'a lieu que du jour de l'acceptation de la tutelle? (*Article* 2135, *Code civil.*) Une décision législative serait nécessaire sur ces points.

Si, lors du décès du mari, la femme est enceinte, il est nommé un curateur au ventre, par le conseil de famille. A la naissance de l'enfant, la mère en devient tutrice de plein droit, et le curateur en est de même le subrogé tuteur. (*Art.* 393, *Code civil.*)

La mère n'est point tenue d'accepter la tutelle;

mais si elle la refuse, elle fait nommer un tuteur, et administre jusqu'à cette nomination. (*Article* 394, *ibid.*) La mère exprime son refus par un acte formel; car il n'y a point de renonciation tacite, même quand la mère aurait concouru à la nomination du subrogé tuteur. La cour de Turin l'a décidé ainsi par un arrêt du 4 janvier 1806.

De ce que l'article 394 du code civil n'admet que la mère à renoncer à la tutelle, doit-on conclure que le père ne puisse la refuser? Je réponds que le père le peut, s'il est incapable, et lorsqu'il reconnaît sa propre incapacité, tellement qu'il est destituable pour cela. Plusieurs cours l'ont jugé ainsi. *V.* Destitution de la Tutelle. Mais, sauf l'incapacité ou l'inconduite, le père doit gérer la tutelle de ses enfants.

Lorsque la mère tutrice veut se remarier, elle doit auparavant assembler le conseil de famille, qui prononce si la tutelle lui sera conservée pendant le futur mariage. (*Art.* 395, *ibid.*) A défaut de cette formalité, elle perd la tutelle de plein droit, et il y a lieu de nommer un nouveau tuteur aux mineurs; ce qui n'empêche pas la mère déchue et le second mari d'être solidairement responsables des suites de la tutelle, s'ils l'avaient indûment conservée. (*Même art.* 395.) Telle était l'ancienne jurisprudence, et telle est la nouvelle. *Voyez*, pour le complément de cet article, Mère tutrice.

TUTELLE DÉFÉRÉE PAR LE PÈRE OU

LA MÈRE. La faculté de nommer un tuteur à ses enfants n'appartient qu'au survivant des époux. Elle peut s'exercer de trois manières, ou par acte de dernière volonté, ou par une déclaration devant le juge de paix assisté de son greffier, ou devant notaires. Mais la mère remariée et non maintenue dans la tutelle, est privée de cette faculté, et même la mère qui passe à des secondes noces, quoique conservée dans la tutelle, ne peut choisir un tuteur à ses enfants, qu'à la charge que son choix sera approuvé par un conseil de famille. (*Articles* 392, 397 *à* 400, *Code civil.*)

Il y a dans cette tutelle déférée, comme dans toutes les autres, un subrogé tuteur, dont la nomination se fait par un conseil de famille présidé par le juge de paix.

TUTELLE DES ASCENDANTS. Lorsque des ascendants survivent au père ou à la mère, s'il n'a pas été nommé par le dernier mourant un tuteur aux enfants mineurs, la tutelle passe de plein droit à l'aïeul paternel, ou, à son défaut, à l'aïeul maternel, et ainsi en remontant; c'est-à-dire, que l'ascendant paternel est toujours préféré à l'ascendant maternel en égal degré.

Dans le cas où les aïeuls n'existeraient plus, et qu'il se trouverait des bisaïeuls en concurrence dans la ligne paternelle, la tutelle appartiendrait à celui qui serait l'aïeul paternel du père du mineur; mais si la même concurrence existait entre deux bisaïeuls de la ligne maternelle, le choix du tuteur serait fait parmi eux par un conseil de famille. (*Articles 402 à 404 du Code civil.*)

Quoique dans les différents cas dont nous venons de parler, la tutelle appartienne aux ascendants mâles, il a cependant été jugé que, lorsque la mère tutrice est privée en se remariant de la tutelle de ses enfants, cette tutelle ne passe point de plein droit à l'aïeul. Tel est le dispositif de l'arrêt de la cour de cassation, du 26 février 1807. La raison m'en paraît sensible; c'est que l'aïeul n'a droit à la tutelle que par la mort des père et mère, tandis que dans l'hypothèse jugée, la mère était vivante, mais privée de ses droits. Ainsi l'autorité qui l'avait destituée devait seule pourvoir à la tutelle.

On a élevé des doutes sur les expressions *aïeul paternel* et *aïeul maternel*, dont la loi se sert dans les articles 402 et 403. On a prétendu que l'aïeule avait aussi un droit exclusif à la tutelle par le décès des père et mère. Cela est une erreur trop évidente pour y opposer une discussion étendue; je me contente de dire que la loi ne se sert ici que de noms masculins singuliers, et que dès-lors on n'y peut comprendre les *aïeules*, qui sont assurément du genre féminin. Malgré un texte aussi positif, douterait-on encore? On devrait enfin cesser de le faire, d'après celui de l'article 405 que voici: « Lorsqu'un enfant mineur et non émancipé restera sans père ni mère, ni tuteur élu par ceux-ci, ni *ascendants mâles*, il sera pourvu à la nomination d'un tuteur par un conseil de famille. » Or l'aïeule femelle n'a donc pas un droit exclusif à la tutelle, puisque la loi veut que le conseil de famille la défère quand il n'y a pas d'aïeul *mâle*.

Dans les tutelles d'ascendants on observe, pour l'administration des tuteurs, les mêmes règles que celles déterminées pour les autres tutelles. Il en est ainsi des formalités que doivent contenir les procès verbaux d'acceptations des ascendants, et de nominations de leurs subrogés tuteurs.

TUTELLE DÉFÉRÉE PAR LE CONSEIL DE FAMILLE. J'ai déjà traité du mode de formation du conseil qui défère cette quatrième espèce de tutelle, des membres qui sont appelés à le composer, des choix qui peuvent être faits entre eux, de l'autorité du juge de paix, et des moyens coercitifs que la loi lui donne contre les parents négligents ou refusants; enfin de toutes les formes élémentaires que doivent contenir les procès verbaux de nominations de tuteurs et de subrogés tuteurs élus par les conseils de famille. Il serait inutile et même fastidieux de se répéter. *V.* CONSEIL DE FAMILLE.

Je dois me borner à dire ici que les tutelles déférées par des parents réunis devant le juge de paix, ne sont que celles d'enfants restés sans père ni mère, ni tuteur nommé par le dernier mourant des époux, ni ascendants *mâles*. (*Article* 405, *Code civil.*)

Cependant, si le tuteur élu, ou l'aïeul appelé de droit à la tutelle, se trouve dans le cas des exclusions établies par la section 7, chapitre 2 du titre 10 du code, il est remplacé par le conseil de famille. Il en est de même quand l'un ou l'autre de ces tuteurs présente des excuses valables.

TUTELLE OFFICIEUSE. On ne connaissait point autrefois en France cette sorte de tutelle. Dans les pays coutumiers il n'y avait que la seule tutelle *dative*, qui était donnée par le juge sur l'avis de sept parents. Dans les provinces régies par le droit écrit, il y avait trois espèces de tutelle, savoir, la *testamentaire*, la *légitime*, la *dative*. La première était préférée à la seconde, et la troisième n'avait lieu qu'à défaut des deux autres.

On ne peut mieux exprimer ce que c'est que la tutelle officieuse qu'en rapportant le texte de la loi qui l'a instituée : « Tout individu âgé de plus de cinquante ans et sans enfants ni descendants légitimes, qui voudra, durant la minorité d'un individu, se l'attacher par un titre légal, pourra devenir son tuteur officieux, en obtenant le consentement des père et mère de l'enfant, ou du survivant d'entre eux, ou, à leur défaut, d'un conseil de famille, ou enfin si l'enfant n'a point de parents connus, en obtenant le consentement des administrateurs de l'hospice où il aura été recueilli, ou de la municipalité du lieu de sa résidence. » (*Article* 361, *Code civil.*)

Cette tutelle ne peut avoir lieu qu'en faveur d'enfants âgés de moins de quinze ans. (*Art.* 364 *ibid.*) Elle n'est point déférée par un conseil de famille, mais *par un simple procès verbal dressé par le juge de paix*, qui contient les demandes et les acceptations relatives à la tutelle officieuse. Il est essentiel sur-tout que cet acte contienne le consentement du conjoint de celui qui veut être tuteur officieux, parce qu'un époux ne peut l'être sans l'agrément de l'autre. (*Articles* 362 *et* 363, *ibid.*)

Il n'y a d'ailleurs nécessité de former un conseil de famille que lorsque le mineur est orphelin, pour obtenir l'autorisation d'accepter la tutelle officieuse, ainsi qu'il est dit dans le texte rapporté.

Je ne dois point traiter ici des divers effets que produit cette tutelle, parce qu'ils sont étrangers aux attributions des juges de paix. J'observerai seulement que si, à la majorité du pupille, son tuteur officieux veut l'adopter, et que le premier y consente, il sera procédé à l'adoption dans les formes ordinaires, auxquelles les juges de paix participent comme il a été dit *suprà*. *V.* ADOPTION.

TUTEUR. C'est une personne commise pour avoir soin de la personne d'un pupille ou d'un mineur, et pour administrer ses biens en bon père de famille. *Tutor enim defensor est, sicque appellatur à tuendo, quia personæ principaliter datur, rebus verò per consequentias.*

Le code civil, par les articles 405, 406 et suivants, a établi les cas où il y a lieu de nommer des tuteurs, le mode de formation des assemblées qui doivent les nommer et la marche d'après laquelle elles procèdent. C'est ce que j'ai rapporté avec tous les détails convenables aux articles Avis de parents, Conseils de famille, Émancipations, Tutelles. *Voyez*-les.

J'ai traité aussi dans ces articles de différents droits et devoirs des tuteurs, qui se rattachent aux fonctions des juges de paix. Il ne me reste donc à dire ici que peu de choses à cet égard :

1° Lorsque le tuteur est présent à la nomination, il doit proposer ses excuses, s'il en a de valables, à l'instant même; sinon, il en est déchu. Mais lorsqu'il est absent du conseil de famille qui lui a déféré la tutelle, on lui en notifie le procès verbal dans le temps et suivant les formes prescrites par l'art. 882 du code de procédure. *Voyez, à cet égard*, Dispenses de tutelle.

2° En cas d'acceptation par le tuteur, il prête serment devant le juge de paix, à l'instant même, de remplir fidèlement les fonctions qui lui sont déléguées.

3° Dans les dix jours de cette acceptation, ou de sa nomination dûment connue de lui, il requiert la levée du scellé et fait faire inventaire du mobilier de la succession ouverte au bénéfice du mineur.

4° Le tuteur doit administrer les biens de son pupille en bon père de famille. Il poursuit la rentrée des deniers, rentes et fermages du mineur, avec exactitude; autrement, il est responsable des suites de sa négligence ou de sa mauvaise administration.

5° Lors de l'entrée en exercice de toute tutelle, autre que celle des père et mère, le tuteur doit convoquer le conseil de famille pour faire régler, par aperçu et suivant l'importance des biens régis, la somme à laquelle pourra s'élever la dépense annuelle du mineur, ainsi que celle d'administration de ses biens. Le même acte spécifie si le tuteur est autorisé à s'aider dans sa gestion d'un ou de plusieurs administrateurs particuliers, salariés et gérant sous sa responsabilité.

6° Un tuteur doit aussi faire déterminer par un conseil de famille, la somme à laquelle doit commencer l'emploi des fonds qui appartiendront au mineur et qui excéderont la dépense; mais il lui est accordé pour remplir cette formalité un délai de six mois, passé lequel il est tenu de payer les intérêts de toute somme non employée, quelque modique qu'elle soit.

7° Le tuteur, même le père ou la mère, ne peut emprunter pour le mineur, ni aliéner ou hypothéquer ses immeubles, sans y être autorisé par un conseil de famille. Cette autorisation ne devra être accordée que pour cause d'une nécessité absolue, ou d'un avantage évident. (*Art.* 457, *Code civil.*) *Voyez les articles précédents du Code, relativement aux dispositions ci-dessus.*

8° Le tuteur ne peut accepter une succession pour son mineur ou la répudier que d'après l'autorisation d'un conseil de famille. Dans tous les cas, l'acceptation n'est que sous bénéfice d'inventaire. (*Article* 461, *ibidem.*)

Je pourrais facilement augmenter ici le nombre des circonstances dans lesquelles les tuteurs sont dépendants de l'autorité et de la surveillance des juges de paix; mais je ne pourrais le faire qu'en répétant ce que j'en ai dit *verbo* CONSEIL DE FAMILLE, parce que là j'ai dû établir une série de toutes les opérations qui exigent des délibérations de famille.

Quand il s'agit de réprimer un tuteur en exercice, dont l'inconduite ou l'incapacité atteste la mauvaise foi, on procède contre lui, ainsi que je l'ai établi à l'article DESTITUTION DE LA TUTELLE.

Les femmes autres que les mères et les aïeules ne peuvent être tutrices. *Tutela enim est munus virile et quasi publicum.* La jurisprudence nouvelle est conforme à l'ancienne sur ce point.

On ne peut encore appeler à la tutelle, 1° les mineurs, excepté le père ou la mère; 2° les interdits; 3° tous ceux qui ont ou dont les père et mère ont avec le mineur un procès dans lequel l'état de ce mineur, sa fortune, ou une partie notable de ses biens sont compris; 4° les gens d'une inconduite notoire; 5° ceux dont la gestion attesterait l'incapacité ou l'infidélité. Dans ces deux derniers cas il y a même lieu à la destitution de tels individus, s'ils étaient déjà en exercice de la tutelle.

On a prétendu que les fonctions de tuteur étaient incompatibles avec celles d'exécuteur testamentaire; mais, nulle disposition formelle n'existant à cet égard dans la loi, la cour de cassation, par un arrêt du 15 messidor an 12, l'a jugé négativement. Elle a décidé par ce même arrêt que le tuteur peut même recevoir des libéralités du père du mineur.

U.

USURPATIONS DE TERRES. Ce fait arrive assez fréquemment entre des propriétaires voisins; il donne lieu à l'action possessoire ou complainte pour faire rétablir l'anticipation.

Les juges de paix connaissent de ces faits jusqu'à 50 fr. en dernier ressort, et jusqu'à une valeur indéterminée en première instance.

Il serait souvent difficile de décider de ces usurpations sans visiter le local. Des dépositions de témoins ne suffisent pas toujours pour éclairer la religion du juge, s'il n'en fait l'application au terrain. C'est ce que le législateur a prévu en ordonnant que, « lorsqu'il s'agira soit de constater l'état des lieux, soit d'apprécier la valeur des indemnités et dédommagements demandés, le juge de paix *ordonnera* que le lieu contentieux sera visité par lui en présence des parties. » (*Article 41 du Code de procédure.*)

Ce n'est point ici une disposition facultative; la loi *ordonne*. Ainsi le juge de paix ne peut se dispenser, pour constater des usurpations de terres et bien d'autres actions possessoires, de visiter les lieux contentieux. Il est d'ailleurs plus facile de se convaincre, par l'aspect du local, de certains empiétements, que de les décider sur des dépositions souvent variables ou obscures. *Voyez* VISITE DE LIEUX CONTENTIEUX.

Il arrive quelquefois que les deux parties se

plaignent d'usurpations respectives, et qu'alors chacune allègue la possession annale. Mais il arrive aussi, en ce cas, que ni l'une ni l'autre ne prouve sa possession; alors le juge, en les déboutant de leurs demandes réciproques ou possessoires, doit les renvoyer à se pourvoir au pétitoire devant juges compétents.

Il arrive encore, mais plus souvent, que des particuliers qui se croient lésés par de prétendus empiétements de leurs voisins, se permettent de faire des reprises de terrain. Ce sont là de véritables troubles à la possession de ce voisin, qui peut en demander réparation par voie de complainte. Personne n'a le droit de se faire justice à lui-même, et celui qui ose se le permettre, commet une voie de fait punissable, non-seulement par des dommages-intérêts ordinaires, mais encore par les peines de simple police. C'est ce qui a été jugé par plusieurs tribunaux de police, et décidé généralement par le ministre de la justice, par une circulaire du 1er frimaire an 5, dont voici quelques passages :

« Les reprises de terrain, par cela seul qu'elles sont des voies de fait, sont soumises à la disposition du n° 8 de l'article 605 du code des délits et des peines.

» Mais si, par ces reprises de terrains, celui qui se les permet détruit du blé en vert ou d'autres productions de la terre, il doit être puni suivant l'article 26 du titre 2 de la loi du 28 septembre 1791, et alors il ne peut être traduit devant le tribunal de police qu'autant que la valeur du dédommagement dû au propriétaire excéderait celle de trois journées de travail; hors ce cas, le délit est du ressort du tribunal correctionnel. »

V.

VACATIONS. On a donné différentes significations à ce mot. On désignait autrefois, par vacations, le temps des vacances, pendant lequel l'activité de la justice est réduite à expédier les affaires urgentes. On désignait encore par vacations, les épices que les juges exigeaient pour juger certains procès; enfin le mot *vacations* se disait des honoraires dus aux officiers de justice. C'est ainsi que, par cette expression, il faut entendre aujourd'hui les droits accordés aux juges de paix et à leurs greffiers dans plusieurs opérations non contentieuses. Ces droits sont modiques; ils ont primitivement été établis par la loi du 24 août 1790, et maintenant ils sont fixés par le décret du 16 février 1807, pour les affaires civiles; et, pour les matières de police simple et judiciaire, par autre décret du mois de juin 1808.

Ces réglements étant entre les mains de tous ceux qui sont obligés de les suivre habituellement, je me dispenserai d'entrer dans le détail des droits qu'ils ont tarifés, et je me bornerai à quelques observations générales.

Une vacation se compose de trois heures; cependant, lorsque cet espace de temps n'est pas employé, et s'il n'y a qu'une seule vacation, elle est payée comme complète.

Dans la première vacation, le temps de transport et du retour du juge y est nécessairement compris.

Pour l'assistance du juge de paix à tout conseil de famille, il ne peut jamais lui être alloué plus de deux vacations. L'article 4 du décret qui contient cette disposition par simple note, ne dit point quelles seront les délibérations de famille qui paieront deux vacations, et celles qui n'en devront qu'une. Cette distinction me paraît donc laissée à la prudence du juge, suivant la longueur des séances et la nature des réductions.

Si le nombre des vacations exigées paraît excessif, elles pourront être réduites par le président du tribunal.

Il n'y a lieu à aucune vacation pour une visite de lieux contentieux, si le procès verbal du juge de paix ne fait mention qu'elle est faite à la requête de l'une des parties.

Le transport de ce juge n'est point payé dans les matières de simple police, ni en police judiciaire, s'il n'a lieu au-delà d'un kilomètre et demi.

Les vacations des greffiers des juges de paix sont des deux tiers de la valeur de celle des juges, indépendamment des droits d'expéditions, des déboursés, enregistrement et papier. Quant aux autres honoraires attribués aux greffiers, ils sont détaillés au chapitre 2 du réglement de 1807, qui serait trop long à rapporter ici.

Il en est de même des chapitres 3 et 4 qui concernent les huissiers, témoins, experts et gardiens; d'ailleurs je ne pourrais qu'en répéter les textes, ce qui serait au moins inutile, puisqu'il s'agit d'un simple tarif permanent.

Il n'est rien alloué aux huissiers des juges de paix pour *visa* par les greffiers, maires ou adjoints dans les différents cas prévus par le code de procédure, même lorsqu'il y a transport dans les communes du canton ; mais il n'en est pas ainsi des huissiers ordinaires, auxquels la loi accorde un droit pour ce *visa*. (*Articles* 23 *et* 66 *du Réglement du* 16 *février* 1807.)

Il n'y a point de transport jusqu'à un demi-myriamètre. Les huissiers ne peuvent prendre de plus forts droits que ceux fixés par le même réglement, à peine de restitution et d'interdiction.

Pour les autres contraventions relatives à ces officiers, *voyez* HUISSIERS.

VENTES A FAUX POIDS. *Voyez* POIDS ET MESURES.

VIOLATIONS DE CLOTURES. Il est défendu à toutes personnes de dégrader les clôtures, de combler les fossés publics ou particuliers, de couper des branches de haies vives, d'enlever des bois secs des haies, sous peine d'une amende de la valeur de trois jours de travail. (*Loi du* 6 *octobre* 1791.)

Ces faits ont été jugés par les tribunaux de police jusqu'au nouveau code pénal ; mais cette loi ayant élevé la peine infligée à ces petits délits, ils sont maintenant placés dans la compétence correctionnelle. Voici le texte de l'article 456 qui contient ces nouvelles dispositions : « Quiconque aura en tout ou partie comblé des fossés, détruit des clôtures, de quelques matériaux qu'elles soient faites, coupé ou arraché des haies vives ou sèches, etc., sera puni d'un emprisonnement qui ne pourra être au-dessous d'un mois, ni excéder une année, et d'une amende égale au quart des restitutions et des dommages-intérêts qui, dans aucun cas, ne pourra être au-dessous de cinquante francs. »

Tout voyageur qui déclora un champ pour se faire un passage dans sa route, paiera le dommage fait au propriétaire, et de plus une amende de la valeur de trois journées de travail, à moins que le juge de paix ne décide que le chemin était impraticable. (*Loi du* 6 *octobre* 1791.)

Il ne faut pas confondre cette disposition avec celles de l'article 456 du code pénal. Il ne s'agit, en effet, dans la loi de 1791, que d'un simple passage, pour lequel on dérange des clôtures, tandis que dans la loi nouvelle, il s'agit de comblements de fossés et de destructions de clôtures, en tout ou partie. Ainsi le voyageur qui viole la fermeture d'un champ pour s'y faire un passage, ne doit être jugé que par les tribunaux de simple police, parce que ce fait n'est aucunement prévu par le code pénal, et dès-lors il doit être réprimé d'après la loi ancienne.

Les jugements qui sont rendus sur ce point sont en dernier ressort, quand l'amende réunie aux indemnités de la partie lésée n'excède pas cinq francs.

VISITE DES LIEUX CONTENTIEUX. C'est ce qu'on appelait autrefois descente de justice. Cette qualification existe encore pour les tribunaux de première instance. On ne pouvait ordonner ces opérations sous l'empire de l'ordonnance de 1667 que sur la réquisition par écrit de l'une des parties, à peine de nullité.

Les juges de paix peuvent et doivent ordonner les visites des lieux contentieux, sans aucune réquisition des parties. La loi d'octobre 1790 s'exprime ainsi : « Lorsqu'il s'agira, soit de constater l'état des lieux dans les cas de dommages, d'entreprises, de dégradations et autres de cette nature, soit d'apprécier la valeur des indemnités et dédommagements demandés, le juge de paix et ses assesseurs ordonneront que le lieu contentieux sera visité par eux en présence des parties. »

On voit que ces dispositions ne sont point facultatives. L'article 41 du code de procédure qui les répète, se sert aussi du verbe *ordonner*, d'où il suit que le juge de paix ne peut se dispenser de procéder à la visite des lieux, lorsqu'il s'agit de constater leur état, ou d'estimer des indemnités. Ces deux cas prévus nommément par la loi, s'appliquent à bien des faits, notamment aux empiétements des terrains, aux ouvrages et entreprises, aux appréciations des dommages, aux usurpations d'arbres, de haies et de fossés, etc.

Cependant, lorsqu'il s'agit de faits minutieux, il me semble que le magistrat peut chercher les moyens de concilier le respect dû à la loi avec la répugnance naturelle qui existe dans tout juge délicat, de faire des frais toujours trop considérables dans les visites des lieux.

Il est une hypothèse particulière dans laquelle le transport du juge sur les lieux n'est que facultatif; c'est lorsque la vue du local est utile pour l'intelligence des dépositions des témoins. (*Article* 38, *Code de procédure.*)

Il était juste et sage de laisser à la disposition du magistrat, de décider si la cause est en état d'être jugée sur de simples dépositions de témoins, ou s'il convient auparavant d'en faire l'application au terrain, ou à d'autres objets contentieux.

Il est possible que dans ces différentes opérations, le juge n'ait pas les connaissances nécessaires dans l'art ou le métier duquel il s'agit; alors il amène des personnes de l'art pour faire la visite avec lui et donner leur avis; mais ces artistes ou artisans ne peuvent opérer comme experts, sans avoir d'abord prêté serment devant le juge, qui en fait mention dans son procès verbal. (*Article* 42, *même Code.*)

L'avis d'un expert n'est point une règle pour le juge de paix; il peut s'y conformer ou le rejeter suivant qu'il le croit équitable, sur-tout s'il lui paraît que les experts aient favorisé la partie qui professe le même état qu'eux; ce qui n'arrive que trop souvent. La cour de cassation a jugé affirmativement ce point de droit, par un arrêt du 7 mars 1808.

L'opération du juge et l'avis de l'expert sont rédigés ensemble par un même procès verbal, ce qui résulte clairement des termes de la loi : *ils feront la visite avec lui.... Le procès verbal sera signé par le juge et par les experts.* Il ne peut donc y avoir qu'un seul acte. Dès-lors ceux qui divisent les opérations du juge de paix et de l'expert par des cahiers séparés, par une suite de l'ancienne pratique, sont évidemment dans l'erreur, et occasionent des frais frustratoires.

On sait, d'ailleurs, que c'est dans les causes sujettes à l'appel qu'il est seulement nécessaire de dresser procès verbal ; mais, si le juge prononce en dernier ressort, il suffit que son jugement énonce les noms des experts, la prestation de leur serment, et le sommaire de leur avis. (*Art.* 43, *ibid.*) Dans tous les cas, le juge peut prononcer sur le lieu sans désemparer.

Si le juge n'est pas fixé dans son opinion, ou si la cause a besoin d'éclaircissements après la visite faite, et même si, par tout autre motif, le juge ne veut pas prononcer sur le local, il n'y est point forcé ; ce droit n'est que facultatif, et il peut renvoyer les parties à la première audience pour leur être fait droit. Dans ce cas, il doit dresser un procès verbal, lors même que la cause est en dernier ressort ; autrement, il ne resterait ni traces de son transport, ni constatation des lieux ou appréciation des indemnités, ni dépositions de témoins. C'est ainsi que l'on doit interprêter l'article 43, qui dispense de faire procès verbal d'enquête et de visite dans les causes non sujettes à l'appel. *V.* Indemnité.

VISITES ET PERQUISITIONS EN MATIÈRE CRIMINELLE. *V.* Police judiciaire.

VOITURES. *V.* Commerce, Contraventions.

VOLAILLES. Le propriétaire, détenteur, ou fermier d'un terrain sur lequel des volailles font du dommage, peut les tuer sur le lieu, sans pouvoir s'en emparer. Mais il n'y a, par ce dommage, ni délit, ni contravention. (*Art.* 12, *tit.* 2, *loi du* 6 *octobre* 1791.) Cependant la destruction des volailles n'est qu'un premier acte de justice insuffisant, parce qu'il n'indemnise pas le propriétaire du dommage qu'il a éprouvé; il a donc le droit d'agir par la voie civile, pour obtenir une indemnité de celui à qui appartiennent les volailles.

Tout dommage commis par les hommes ou les animaux, aux champs, fruits et récoltes, lorsqu'il n'est pas contravention, est jugé par les juges de paix, en dernier ressort jusqu'à 50 francs, et en première instance, à quelque valeur que la somme puisse monter. (*Art.* 10, *tit.* 3, *loi du* 24 *août* 1790.)

FIN.

De l'Imprimerie de Cellot, rue des Grands-Augustins, n° 9.

www.ingramcontent.com/pod-product-compliance
Lightning Source LLC
LaVergne TN
LVHW010102240826
846091LV00017B/408

* 9 7 8 2 0 1 4 0 9 7 6 7 2 *